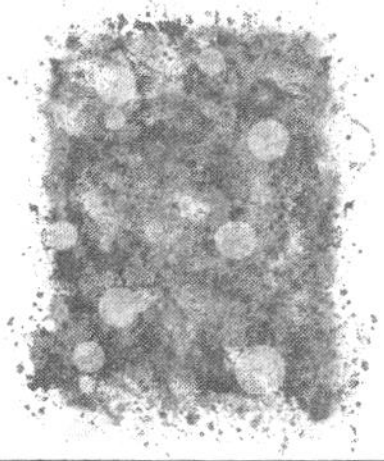

戦争を記憶する

広島・ホロコーストと現在

藤原帰一

講談社現代新書

はじめに

この本は、戦争はどのように覚えられてきたのか、そして戦争の記憶から引き出された戦争観は、地域と時代によってどう異なるのか、考える試みである。

戦争は、忘れないことが大切なのだ、記憶のありかたなど意味はない。そうだろうか。一九八四年、アメリカの航空宇宙博物館は、日本に原爆を投下した爆撃機、エノラ・ゲイ号の修復を始めた。およそ一〇年後、修復を終えたエノラ・ゲイを中心に据えて、原爆投下の全体像に迫る展示が企画された。ところが、その展示には原爆投下を否定する見解が紹介されているとの情報が流れ、退役軍人団体や議会などから展示中止を求める運動が起こる。結局、はじめに企画された展示は中止され、スミソニアン協会の会長は辞任した。原爆展の中止は、日本でも広く報道された。広島の悲劇をアメリカ人はまだ知らされていない、だから原爆投下が正しいというかのような反応も生まれるのだ、そんな議論が日本では多かった。歴史をねじ曲げてはいけないという声も挙がった。

ところが、アメリカで原爆展に反対した退役軍人、空軍協会、上院・下院の議員も、やはり歴史をねじ曲げるなと主張していた。原爆投下によってアメリカ人のみならずアジアと日本の人命が救われた。それに泥を塗るような歴史の修正を許してはならない、というのである。

ここには、まるで異なる二つの戦争の記憶が語られている。日本にとっての広島が戦時大量殺戮《さつりく》の頂点であり、核時代の恐怖の始まりだったとすれば、アメリカにとって原爆投下は、戦争終結の喜びと戦勝の栄光に結びついていた。核兵器を、さらに戦争を絶対悪とする教訓を、多くの日本の住民は広島の被爆から引き出した。同じ事件が、アメリカの少なくない人々にとって、戦争による正義の実現として記憶されていた。

もちろん、ここでいう「日本」はすべての日本の住民ではない。「アメリカ」もアメリカ市民すべてではない。しかし、それぞれの主張は、「日本」や「アメリカ」を代表する、国民全体の主張であるかのように語られている。ごく私的な、いわば小文字で語られる経験が、大文字の国民の言葉にすりかわり、それぞれの国民の物語が不寛容に向かい合う。国民の数だけ異なる戦争の記憶と歴史の語り方がある、そんなことになりかねない。

もう一つ、日本の中国侵略、特に南京大虐殺をめぐる議論がある。一九三七年一二月、大規模な爆撃に続いて日本軍は南京を占領し、投降した兵士と非戦闘員多数を殺害し、略奪や凌辱《りょうじょく》を行った。当時も、また東京裁判でも、日本軍による蛮行として国際的非難の対象となったこの事件が、一九七〇年代以後の日本における、歴史の見直しの的となる。中国側の主張する死者数三〇万人は過大ではないかという議論から始まり、いまでは南京では虐殺そのものがなかった、という主張も行われている。中国侵略を謝罪した村山富市首相は、南京大虐殺はなかったといい、「自虐史観」を否定する閣僚、議員、さらに世論の一部によって国内からゆさぶられた。

南京大虐殺はまた、日本による侵略行為の否定や歴史の捏造《ねつぞう》のシンボルとして、中国における戦争の記憶の焦点にもなった。日本の侵略に対する批判は、終戦から半世紀を経た現在、かえって激しさを増している。しかもそれは、中国政府による世論工作や宣伝で一蹴できるようなものではない。この事件を論じたアイリス・チャンの著作『レイプ・オブ・南京』(一九九七年)は、内容については歴史家から数多くの批判が寄せられたものの、香港やシンガポールではベストセラーとなり、中国国外の中国系住民に広く読まれた。二〇〇〇年に日本政府のホームページを席巻したハッカーも、ただの愉快犯ではなく、南京大虐殺を認めようとしない日本政府と日本国民に対してゲリラ的な批判を行っていた。

ここでもまた、原爆投下の解釈と同じように、相手の主張は歴史を歪めるものだという非難が双方から加えられている。そして、非難の対象となる「相手」は、戦争に関与した政府や戦闘に加わった兵士などから広がって、戦争中は生まれていなかった人々を含む「国民」に拡大しつつある。南京大虐殺の存在を否定する人々は、その見直しによって日本軍人ばかりでなく国民全体の名誉と歴史が回復できると考えている。中国の政府と人々からみれば、そのような見直しこそ、日本政府だけでなく日本国民全体に戦争責任が自覚されていない証拠だ、ということになる。

原爆投下と南京大虐殺は、議論の内容ばかりでなく、激しい感情と、対立の険しさでも共通している。戦争とその記憶は、現在の社会生活の基本的な倫理となるほど重要なために、それを主張する人々は自分の立場を譲ろうとはしない。また、原爆投下を絶対悪とする議論と正義の勝利とする議論の間に、あるいは日本軍がアジアを解放したという議論と日本軍に虐殺されたという議論の間に、妥協があるはずもないだろう。戦争の記憶から導き出された戦争の意味づけや、その戦争観と補完関係に立った国民の意味づけは、冷戦終結後の世界において、おそらくもっとも苛烈なイデオロギーであり、イデオロギー対立である。

それではおまえはどう考えるのか。私は、それらの議論の間をとるのが正しい、というようには考えない。広島への原爆投下が正しかったとも必要だったとも考えない。南京で日本軍による虐殺が起こったことは十分に立証されており、何人死ねば虐殺に当たるのかという議論は無意味だと思う。私は、原爆投下の正当化や南京大虐殺の正当化は「とんでもない議論」だと考えているし、そのことを隠そうと思わない。

しかし、この本でしたいことは、原爆投下の正当化や南京大虐殺の否定などに立ち向かうことではない。戦争の捉え方や覚え方は、それぞれの社会における歴史的・社会的経験と記憶に支えられている。それだけに、私の目には正当に映る議論も「とんでもない」とみえる議論も、ただの無知や忘却の産物として一蹴《いっしゅう》するのではなく、その歴史的・社会的根拠までさかのぼって考えることが必要となるだろう。

戦争の記憶は、それぞれの死者を悼むことに帰着する。死ぬ必要のない父、夫、息子が傷つき殺され、母、妻、娘が傷つき殺される。残された者からみれば、父・母、夫・妻、子供たちは、とても受け入れることのできない不条理な暴力の犠牲者に他ならない。不条理なだけに、意味が与えられなければいたたまれないし、まして加害者や戦犯などという中傷には耐えられない。状況のなかにいた兵士は口をつぐむかもしれないが、不条理な暴力の後から生まれてきた者たちは、不条理に条理を与え、意味を与える。

こうして、それぞれが自分の愛する人々を犠牲者として悼み、戦争を記憶するという、それ自身は当然の行動が、強烈な政治イデオロギーの基礎をつくることになる。そのなかから、どのような戦争の意味づけが最終的に生まれるのか。その意味づけは、地域によってどう違うのか。そして、相手を歴史の修正だと非難するような、戦争の記憶をめぐる争い、記憶の戦いがなぜ生まれるのか、それがこの本の課題である。

これは、私の専門とする国際政治の分析とはずいぶん違う、あやふやなテーマである。国際政治の理論は、戦争を政策と政治権力者に還元して考えることが多い。狭いかもしれないが、論議の対象と方法ははっきりしている。ところが、戦争の記憶の研究は、じつに多くの地域の、しかも特定できないほど多数の人々の生活経験を相手にしなければならない。データと方法も、まるで曖昧《あいまい》だ。

そんな怪しげなテーマを選ぶ背景には、現在の国際関係を分析するだけでは現実の国際関係の説明ができなくなった、という事情がある。

すでに終わった戦争の解釈が、現在の国際政治の争点になってきた。アジアの冷戦が激しく争われた一九五〇年代はじめには、いま戦争が起こるかどうかが、過去の戦争の解釈よりも大きな政治的課題だった。それから半世紀経ったいま、日本軍による中国侵略をどのように捉えるか、その歴史解釈の齟齬《そご》が、冷戦期以上に日中関係の安定を揺るがしている。

歴史解釈が政治争点となった原因の一つに、政府の間の国際交渉だけでは国際関係を捉えられなくなったという国際関係の変化がある。政府の間だけならば、国際関係の争点は比較的絞り込まれており、政治指導者も官僚も実務的な課題として取り組むことができる。しかし、それぞれの社会が向かい合うときには、社会のなかの記憶、うらみ、怒りが国際交渉にぶつけられ、実務的判断だけでは国際関係を処理できない。政府間では「決着」がついたとされてきた謝罪、賠償、補償問題が、それぞれの社会から改めて浮上する過程は、政府間の協議だけで支えられる国際関係の限界を示している。

それればかりではない。もっと基本的な国際政治上の判断も、その社会に共有される通念に左右される。たとえば、平和とは、武力によって脅《おど》すことで保たれるのか。それとも、武力こそが平和を壊す以上、武力を廃棄しなければ平和は訪れないのか。このパラドックスは、国際政治の中核に居座るものだが、当事者は、これをパラドックスだと認めようとはしない。ある人々にとっては、武力あっての平和とは疑うことを許されない真実であり、また別の人々にとっては武力を過去のものとすることこそが文明の前提になる。

当事者の強い信念を相手にものを考えるときには、学者の議論を展開したり、また自分の信念を相手にぶつけたりするだけでなく、なぜそのように人々が考えるのか、その認識の根拠から検討する作業も必要になるだろう。

このような判断をふまえていえば、国際関係の分析も、狭い意味での外交政策の決定から一歩を踏み出す必要が生まれる。現在の紛争だけでなく過去の紛争の解釈へ、政策決定者の判断ばかりでなく社会通念の検討へ、そして政府の合意よりも踏み込んだ、異なる社会の間での和解と赦《ゆる》しの可能性へと、研究の射程を広げる必要が生まれるのである。戦争を忘れてはならないと語る人々が多い時代だけに、なぜ覚えようとするのか、どんな覚え方をするのか、考えてみよう。

目次

第五章　国民の物語

第一章——二つの博物館

広島とホロコースト

戦争を忘れず世界平和を願う。そんな、わかりきったことにみえる訴えは、少しもわかりきってはいないし、同じ内容に決まってもいない。戦争の記憶とか、平和の願いとか、似た言葉が使われてはいても、国によって、地域によって、ずいぶん内容が違い、場合によっては正反対の意味さえ含むことがあるからだ。

広島とホロコースト

戦争を記憶する巡礼者のための博物館が、広島とワシントンにある。それぞれが、過去に起こった暴力の記録を静かに展示し、来客に伝えている。

原爆ドームから歩いてすぐ、公園の南端に広島の平和記念資料館がある。広島の多くの建物は、原爆投下で破壊された後に相前後して建築されたため、横並びになって古びてゆくようにみえる。丹下健三の設計による横長の四角形を横に並べたこの記念碑も、そのモダニズムの表現が、かえってくたびれた印象を与えている。

とはいえ、この四〇年前の建築は一九九四年に改築され、展示内容も一新された。以前の展示ではいきなり原爆被害の展示が始まっていた。原爆の不条理な暴力そのままの、衝撃的な構成だった。

改装後の展示はずいぶん親切になった。原爆ドームの模型を取り囲むビデオや写真などによって、広島という町の成り立ち、軍都としての広島、日中戦争から太平洋戦争へ、さらに核開発と原爆投下の決定過程に至るまで、順を追って丁寧な解説が施されている。展示の説明にも対象と距離を置いた客観性がみられるようになった。それまでの展示には、戦時中の日本が行った加害行為は展示されていない、これでは犠牲者史観ではないかなど、内外から批判があった。改装後の展示には、日本の中国侵略や戦時の朝鮮人連行などが加えられている。

しかし、展示の中心は、やはり西館二階の、原爆の被害を伝える被爆資料と遺品だろう。前ぶれもなくこの町を一挙に破壊した陰惨な暴力が、熱線、爆風、黒い雨の被害など、それぞれの側面に分けて、豊富な物証を挙げて解説されている。そのなかには、溶解した瓦、炭化した弁当、あるいは人影を焼きつけた石など、すでに知られたものも多い。

見学に訪れる人々は、修学旅行や校外実習に訪れる中高生をはじめとしてかなりの数にのぼり、外国からの見学者も多い。性別、年齢、国籍はさまざまだが、そろって静かに順路を巡っている。大声をあげたりする人は少なく、特に西館二階は、教会や墓地のように静かである。人の生死に関わる、聖なる領域だからだ。

広島平和記念資料館は、このような展示だけではなく、原爆投下に関連した資料をはじめとして、核問題や平和問題の図書資料を収集しており、図書館・研究機関としての側面も持っている。図録にうたわれるように、「ヒロシマを世界に」伝えているのである。

広島と同じように、過去の陰惨な暴力を来訪者が静かに見学する博物館が、アメリカのワシントンにある。スミソニアン協会の博物館が向かい合って並ぶ巨大な公園から脇道を下りた、桜並木のそばの、一見すると古めかしい建物が、そのアメリカ・ホロコースト記念博物館（US Holocaust Memorial Museum：以下ホロコースト博物館）である。

ワシントンの多くの建築と同じように、様式は古風でも建てられたのは新しく、開館は一九九三年四月である。アメリカ人に、ホロコーストという未曾有《みぞう》の悲劇について伝え、苦しめられた人々を悼むこと、また訪れた人々が、市民としての責任を自分で考えるようにいざなうことが、設立の目的として記されている。

ひとまわりすると約一時間半かかるほど膨大なその展示は、ナチスドイツによるユダヤ人の迫害と虐殺の歴史を、時代を追って語っている。その内容は、広島の記念館に優に匹敵するほど生々しい。整然と、秩序正しく、体系的に膨大な人々を殺戮するという、科学的計画手法とグロテスクな暴力の結合が、そのディテールに至るまで次々に紹介され、その計画的な殺人がどのような人々の命をどう奪ったのかも、写真、映像、音声を多用して物語られている。

広島と同じように、ここを訪れる人々も、教会に参列するように、展示された暴力を黙って見学している。そして、広島の記念館と同様に、この博物館にも、展示ばかりでなく、図書館や資料収集部門が付属して設けられている。ホロコースト生存者協会による、ホロコーストを生き延びた人々の人名録作成事業も、ここに本部を移した。アメリカにおけるホロコーストの記憶の、中心機関と呼んでいいだろう。

戦争をどう考えるか

戦争を記憶する博物館として、広島の平和記念資料館とワシントンのホロコースト博物館は、重なるところが多い。犠牲者を悼むことが出発点にあることでも、過去を伝えるばかりでなく、そこから現在の戦争と平和について考えるように誘われる点でも、また展示ばかりではなく、資料の収集と研究を行う点でも、そっくりだといっていいほどだ。ところが、この二つの博物館は、戦争の記憶から引き出された、戦争と暴力についての価値判断が、まるで違う方向を向いている。

広島の記念館は、何よりも核兵器の廃絶を訴えている。平和運動で用いられることばを使えば、核兵器は「絶対悪」とされ、その延長上には、戦争そのものを絶対悪として捉える考え方がある。

広島の記念館は、戦争を起こした責任や、原爆を投下した責任を問いかけているとは必ずしもいえない。主体と行動の責任を問うのではなく、核兵器という兵器の廃絶と、さらには戦争の廃絶を求めることにメッセージが向けられている。犠牲の記憶は、他の事例では責任者の謝罪や処罰の要求につながることが多いが、広島の平和運動では、軍事行動をとった相手方への謝罪要求ではなく、兵器の廃棄が求められている。この独特な性格は、戦争を悪とする、反戦・不戦というメッセージを抜きにしては考えられない。

戦争を絶対悪とする場合、誰が戦争を戦うかによって正しいか間違っているかが決まることはない。戦争そのものが悪なのだから、戦う主体によっては戦争が正しくなるというはずもない。また、その処方箋も、侵略戦争を起こす政府を解体することではなく、戦争という行為の追放と、それを可能とする武器の追放に向けられる。

この視点からみれば、正しい核兵器の使い方がないのはもちろん、「正しい戦争」という概念はあり得ないし、あるとすれば、戦時動員のために人を欺くデマゴギーに過ぎない。まして、原爆投下のおかげで軍国主義が日本から追放され、現在の平和が生まれた、などと判断する余地はまったくない。

他方、ホロコースト経験の教えは、絶対悪を前にしたときは、その悪に踏みにじられる犠牲者を見殺しにせずに、立ち上がらなければならない、という教えである。より細かくいえば、ホロコースト博物館のメッセージには、ユダヤ人が、その民族に降りかかったもっとも悲惨な受難を語り伝え、悼むという、ユダヤ人をメッセージの主な受け手とする側面と、この悲惨な暴力について、すべての人に語り伝えてもらいたいという、より広いメッセージの両方が含まれている。

後者は、間違っても絶対平和のメッセージではない。ナチスによる迫害が続けられていることを知りながら立ち上がろうとせず、犠牲者たちを見殺しにした諸国の行動は正しかったのか。暴力への批判に加え、暴力を放置した責任もここでは問われている。

この違いが、博物館の運営者の私的な見解の違いではないことは、いうまでもない。広島とホロコーストという二つの出来事から、その出来事を記憶しようという人々の引き出した規範が異なっており、それが博物館の展示の違いに反映しているのである。

第二次世界大戦のさなかに起こった虐殺としては、ユダヤ人虐殺も広島の原爆投下も似たところがある。武装していない市民が、ホロコーストにおいては生活の場から引き離されて虐殺され、広島ではその生活の場ごと焼き払われた。厳密にいえば、ホロコーストは戦場における戦闘行為として行われた虐殺ではなく、広島の原爆投下は(国際法上の正当性に疑問の残る作戦ではあるが)正規軍による軍事行動であるから、「戦争による死」としてまとめることはできない。しかし、非戦闘員にもたらされた不条理な死として、両者の間には、明らかな共通性がある。

この二つの出来事が、異なる行為規範を生み出した。ホロコーストの記憶は、殺人者や破壊者に対して立ち上がる責任を問いかける。広島の記憶は、戦争行為の倫理性を問い、絶対平和の実現を求めている。戦時の暴力が、一方では戦争を戦う責任という教訓を、他方では戦争を廃絶する責任という教訓を残したのである。

反戦の倫理・正戦の倫理

戦争についての、この二つの見方を一般化すると、どんな議論になるだろうか。もし、戦争を始める国家があるから戦争が起こるのだと考えれば、その国家を脅し、抑止することで平和が成り立つ、という判断が生まれる。他方、戦争を遂行する手段がある限り平和が訪れないと考えれば、兵器による相手の抑止ではなく、兵器の放棄によって平和が実現することになるだろう。

これは、憲法第九条とそれをめぐる論争にふれてきた日本の読者には、ごくおなじみのパラドックスである。日本国憲法の定める戦力不保持の原則と、日米安保条約を含む、「力の均衡」に基づいた国際秩序維持との関係が、「平和主義」と「現実主義」の対抗というかたちで、繰り返し問われてきたからだ。その中心は、武力によって平和が保たれるのか、武力こそが平和を壊すのか、という判断の対立だった。

もっとも日本の国内におけるハト派とタカ派との議論とは異なって、ここでは理想と現実ではなく、二つの異なる理念が対立している。日本の平和論では、武力は現実の側に、武力放棄は理想に属していた。しかし、ホロコーストの教えは力を認めるべきだという現実主義ではない。そこで説かれるのは、不当な現実には屈せず不法な暴力を前にして武器を取る義務と責任である。戦争という現実を受け入れろという議論ではなく、正戦の倫理が伝えられている。

ここでの正戦は、国際関係における戦争に対象を限定せず、無法な暴力と人権抑圧に向けられている。ホロコーストは、占領地域で行われた場合だけでなく、それがドイツの領土のなかで行われた場合も、やはり見過ごしてはならない暴力であった。無法な暴力を前に犠牲者を見殺しにすれば、ただ無法な支配を認め、支配者の恣意《しい》を認めることになる。侵略者に対する自衛戦争という、国際関係に限定した武力行使の正当化だけではなく、国の内外を問わず、深刻な人権抑圧が行われた場合には、その抑圧に対して立ち上がる責任と勇気が求められている。

武力行使そのものが倫理に反すると考える側からは、ただちに反論があるだろう。暴力に対して暴力で立ち向かえば、支配者の暴行を上回る暴力と破壊をもたらす可能性がある。暴力を退ければ犯罪の前に手をこまねくことになるが、暴力によって立ち向かえば、ただ戦火を拡大しかねない。

正しい戦争はあり得るのか、それともあらゆる戦争は正しくないのか？　西欧世界においてもアウグスティヌス以来争われてきたこの問題は、ただの抽象論ではない。犯罪者から武力で人質を奪回すべきかという問題に始まり、隣国で進む大量虐殺を黙視すべきかとか、戦争を避けるためには独裁政権とも手を結ぶべきかとか、およそ暴力を手段とするか否かの選択が争われる場合には繰り返し現れる、ほとんど日常的なジレンマである。

武力行使のパラドックス

この論議に決着をつけることはここでの課題ではない。また、国際政治における現実主義の立場から、戦争は国家が政策を遂行する手段に過ぎない、戦争に正義はないし必要もないという主張もあるだろう。ここでの問題は、どの議論が説得力を持つかではなく、どの考え方が歴史的に選ばれたのか、という点にある。

ホロコースト博物館と広島の資料館を並べてみると、欧米世界においてナチスドイツを追放する第二次世界大戦は「正しい戦争」であり、その第二次大戦が日本には「戦争は正しくない」という教訓を残した、という結論になりそうだ。第二次大戦の経験が、欧米には正戦を、日本には反戦を伝えた。そして、日本の軍国主義を倒す戦争は正しい戦争ではなかったのかという厳しい問いが、その裏に控えている。

この結論には誇張がある。後にみるように、ホロコーストから、また広島の被爆から引き出される教訓は一つに限られないし、時代によっても変わっていったからである。日本の広島認識とか、アメリカのホロコースト認識などというまとめ方は、意見の多様性と時間による変化を無視する暴論になりかねない。

しかし、武力行使をめぐるパラドックスはけっして架空のものではないし、ごく近年になっても続いている。その一例に、ユーゴ空爆に対する認識の相違を挙げることができる。コソボにおけるアルバニア系住民とセルビア系住民との対立に始まったこの紛争は、最終的に、NATO軍によるベオグラード空爆を招いたが、欧米諸国と日本とではこの空爆がまるで異なる受け止め方をされたからである。

後に述べるように、アメリカに限らず、欧米世界では、ユーゴに対する空爆はホロコーストのような異民族排斥の再現を阻止するために必要であるという反応が、左右の政治的立場を横断してみられた。これに対し、日本では、左右を横断して、軍事行動への支持よりは憂慮が、また不正に対する勝利よりは紛争解決への期待が表明された。欧米でホロコーストの悪夢が呼びおこされたのとは対照的に、そのようなホロコーストの「記憶」が日本で言及されることは少なかった。ユーゴ空爆は、当事者が「当たり前」として受け入れた戦争観が、地域と歴史経験によってどれほどの隔たりがあるのかを、改めて思い知らせる事件だった。

戦争を語り伝えるという行為

広島の平和記念資料館とホロコースト博物館の対照は、戦争を語り伝えるという行為が世界各地で大きく異なり、ほとんど正反対の「ものの見方」を含んでいることを、鋭いかたちで示している。そして、それぞれの「ものの見方」は、博物館と観客の双方に共有されている。

二つの博物館を訪れる人々は、世界観をこれから伝授されるぞと身構えはしないだろう。訪問者のほとんどにとって、そこで展開される戦争観や暴力観は、賛成反対は別としても珍しいものではなく、社会通念のままの、「当たり前のこと」なのである。広島の記念館も、ホロコースト博物館も、かなりの数の人々に受け入れられた歴史認識を表現している。

日本では、日米安全保障条約や日本国憲法については立場の異なる人々があっても、広島における原爆投下が痛ましい出来事だったことを否定する人はごく少ないだろう。中国侵略や真珠湾攻撃の当然の報いだ、それぐらいの人数が死んだからといってどうした、そんな暴言は、日本史の「見直し」がいくら声高に叫ばれようとも、まず聞かれることはない。日本遺族会を支持基盤の一つとし、靖国神社にも参拝を続けてきた橋本龍太郎が、首相在任中、広島の原爆投下について何度も言及したことからみても、広島を「共通の経験」とする感覚が政治的立場を横断して存在することがわかるだろう。

また、アメリカで、ホロコーストを軽んずる発言が公式に認められないことは、ほぼ確実である。ホロコーストを描いた映画『シンドラーのリスト』(一九九三年)がテレビで放映された際、その映像に裸体や残虐な場面が含まれることについて、子供も観るようなテレビではそのような表現が妥当だろうかと問いかけた上院議員がアメリカにいた。この議員は、ほとんど満場の非難を受けて、自分の発言を撤回することになる。どれほど残酷な映像でも、「見なければならないもの」という地位が、ホロコーストには与えられているのである。ホロコーストを軽んじたり、否定したりする発言は、ただちに拒否される。それも、広島の場合と同じように、政府が認めないからでも、政治団体がやかましいからでもなく、その土地に住む多くの人々からみて、あまりに醜い発言なので認められないのである。

ここから、東西の戦争観の違いといった大きな議論に展開するのは、まだ気が早いだろう。「正戦」観念に、ユダヤ・キリスト教の伝統を読み込むことは難しくないし、日本の古典における戦争観と比べることもできないわけではない。しかし、当事者が共有する戦争観は、民族、文化、伝統の違いといった大きな背景ばかりでなく、広島を「語り伝える」

行為、またホロコーストを「語り伝える」行為の繰り返しによって、確かめられた倫理観であり、社会通念である。

広島の被爆体験や、ユダヤ系住民の虐殺体験は、この「記憶」と「伝授」を通じて、その暴力を直接には経験していない人々も含めて共有される、集団的擬似体験に変わってゆく。「記憶」を、広島にもアウシュヴィッツにもいなかった人々に伝えるとき、「語り伝える」という行為を通して、ある世界観が後の世代に伝えられる。その伝授を通じて「記憶する人々」が後代に残されるのである。

戦争観はどう変わってきたか

戦争の記憶と結びついた、戦争に対する規範的判断も、歴史的条件によって左右されてきた。平和論も正戦論も、広島の被爆とホロコーストによって、それぞれ受け入れる人が増えたことは否定できない。事件の前には、違う議論があった。

第二次世界大戦前の日本社会に平和論が強かったとはいえない。日清戦争、日露戦争、第一次世界大戦と、戦争に勝ち続けている限り、戦争反対とは少数者の議論であり、運動だった。勝利に終わった戦争でも、動員された兵士のなかには大変な苦境を経た人々がいたが、そのような私的な記憶が公の場で語られることは少なかった。

戦時の犠牲は、戦争小説や映画でも語られてはいた。それどころか、戦時中の日本映画では、行軍の苦しみも生々しく描かれている。しかし、苦難の描写は戦争への疑問や否定に結びつかず、むしろ苦難をともにしたことから生まれる連帯感に重点が置かれている。そして、「戦地の兵隊さん」の苦難の物語は、その兵士の努力にみあう自己犠牲を銃後の国民に呼びかける手段でもあった。戦時の苦難を、他者や国民との共同性から離れて個人の経験として語る機会は、ごく限られていた。

その構図が、敗戦によってひっくり返る。犠牲の後に待っていたのは敗戦だった。自分たちは、他の国よりは、自分の国の政府の犠牲者だった。敗戦経験を抜きにして戦後日本の平和論を語ることはできない。

アメリカでも、前から正戦論が支持されていたわけではない。一九世紀のアメリカは、むしろ欧米世界ではもっとも平和論が強く、常備軍の保持にも批判が強かった。第一次大戦参戦も、戦争を終わらせるための戦争であるとウッドロー・ウィルソン大統領が強弁することで、はじめて可能となった。

大戦後は、参戦と犠牲は必要だったのかという苦い思いが残った。ロスト・ジェネレーションの文学や、『西部戦線異状なし』（一九三〇年）のような映画には、「正しい戦争」という考え方はない。ナチスドイツ以前のアメリカは、戦後日本とはまた異なる意味で、軍事力への懐疑心が強い国だった。

このような構図は、ナチの台頭と第二次大戦によってくつがえる。観衆は、『西部戦線』の代わりに『カサブランカ』(一九四二年)に拍手した。平和主義は、(まるでいまの日本の「一国平和主義」批判のように)孤立主義であり、宥和《ゆうわ》主義であると批判された。軍人の肩身が狭いアメリカは姿を消し、軍人が英雄となる戦後アメリカが生まれた。

このように、当然のように受け止められている戦争観も、長い伝統を反映するわけではなく、その前に起こった戦争に左右されている。戦争の認識は、直前の戦争をどのように認識し、意味づけ、記憶したのか、その反映として捉えた方が、おそらく正しい。

つまり、「正戦論」と「反戦論」を、一般論として議論することも両国の文化と伝統の違いに追いやってしまうことも、説明にはならない。先の戦争がどのように記憶され、その記憶が支えられたのか、それが問題の核心にある。

記憶の出会うとき

アメリカ人にとっての第二次世界大戦の意味と、日本人にとっての意味の違いは、戦争の覚え方の違いとして、その後も保たれていった。広島での「核兵器は絶対悪だ」という議論も、またワシントンでの「ホロコーストに対して、もっと早くから立ち上がるべきだった」という議論も、ともにあまりに当たり前の認識として、疑われることがない。それは、集団的擬似体験と過去の共有がいかに徹底しており、ナショナリズムと同じように「当たり前のこと」になっているかを示している。

それぞれの博物館を訪れる人で、海の向こうでは異なる戦争論が展開していることを知る人は、おそらく少ない。「当たり前のこと」が、場所によってはちっとも当たり前でないのに気がつくのは、異なる戦争の覚え方をし、異なる社会通念のなかに育った人々が出会うときである。

相異なる戦争の覚え方が出会う機会は、これまでは少なかった。それが、第二次大戦の開戦と終戦から五〇年経った後、それを記念する集会が各国で行われると、それぞれの各国で戦争の記憶がいかに異なるかが浮上する。そしてお互いに歴史の「忘却」や「偽造」を指弾するような、厳しい歴史論争が生まれることになった。

それまでにも、韓国・北朝鮮からは、日本の植民地支配について、また中国からは中国侵略と南京大虐殺について、責任を認め、謝罪することを求める声があり、日本政府の要人の発言や教科書の記述などが、国際問題を繰り返し招いてきた。花岡事件、つまり中国から強制連行された労働者の蜂起とその後の鎮圧・虐殺につき、鹿島建設に謝罪と補償を求める訴えも起こされていた。終戦五〇周年などを節目として、その問題はさらに深刻になる。海外では、日本における戦争の忘却を許してはならないという声が高まり、日本国内では「自虐史観」の見直しを求める運動が拡大したからである。

政府声明、国際会議、記念式典、研究や著作、さらに戦争責任を追及する団体の活動や、それに対抗する運動なども生まれた。記憶の内容、あるいは記憶の拒否をめぐって、それぞれの団体や運動が激しい論争を展開した。スミソニアン博物館におけるエノラ・ゲイ展示をめぐる紛争、新しい歴史教科書をつくる会などによる国民史を復活する試み、ダニエル・ゴールドハーゲンの『ヒトラーに従った自発的処刑者たち』（一九九六年）をめぐるホロコースト論争、アイリス・チャンの著作によって再燃した、南京大虐殺をめぐる論争など、記憶の戦いとも呼ぶべき、深刻な論争が相次いで生まれた。

この論争が生産的なかたちをとることはあり得なかった。論争当事者が、自分の判断については疑いを持たず、相手の判断を基本的に信用しないため、自分の偏見を棚に上げて相手の偏見を暴露するというかたちでしか、この議論は進みようがなかったからである。異なる記憶の出会いが生みだした記憶の闘い、メモリー・ウォーズは、新たな認識を生むよりは、偏見の補強しか招いていない。

一九五〇年代平和運動と広島の記憶

広島の記念資料館も、ワシントンの記念博物館も、戦争の被害について、被害者の視点から語り伝えている。しかし、どちらの博物館も、戦争が終わってすぐできたわけではない。広島の原爆投下もナチスによるユダヤ人大量虐殺も、戦争直後から「覚えられ」たり「語られ」たりしたわけではなかった。そうではなく、戦争が終わってかなり経ってから、戦時の暴力を思い出し、記録し、語り伝えようという運動が起こり、そのような運動があってこそ、その受難を記憶し伝える博物館もつくられた。

日本の場合、原爆投下直後から広島の悲劇が広く語られていたわけでない。占領期には原爆の被害を伝えることが検閲によって制約されていた。原民喜の「夏の花」(初出一九四七年)も、大田洋子の『屍《しかばね》の街』(刊行一九四八年)も、一九四五年に脱稿しながら、活字になるまでにはかなりの時間がかかり、文章表現も一部は削除されている。占領が終わっても原爆への関心が高まるまでには時間がかかっている。広島の記念館開設は、やはり一九五〇年代の日本における平和運動の高揚と切り離せない。

その背後には、五〇年代初頭の米ソ両国による水爆実験があった。五四年にはビキニ環礁での水爆実験のために第五福竜丸が被爆する事件も起こった。すでに朝鮮戦争のさなかに全面平和論と片面平和論の対抗を基軸として平和運動が広がっていた。第五福竜丸事件などを契機としてこの運動がいっそう広がり、核兵器廃絶を要求する平和運動や婦人運動が高まった。

水爆実験後に平和論が高揚するなかで、原爆死没者慰霊式典への広島市長の参加が実現し、一九五五年には平和記念館がつくられた。六六年には、原爆ドームの永久保存を広島市議会が決議する。毎年夏に開かれる原水爆禁止世界大会や、慰霊式典とあわせ、広島・長崎は、戦争の記憶の中核をつくってゆく。冷戦の激化と核戦争の恐怖が、広島の被爆を改めて「記憶する」という行動を促した。「思い出し、記録する」行為を通じて「戦争の記憶」が、その戦争への意味づけとともに、定着していった。

ユダヤ社会の変化とホロコーストの記憶

大戦直後にそれほど注目されなかった点では、ホロコーストの記憶も同様である。大戦後二〇年の間、アメリカのユダヤ社会も含め、ホロコーストの記憶が占める位置は大きなものではなかった。ナチスドイツの残虐行為に対する批判や非難は繰り返されていたが、ユダヤ人大量虐殺を中心的な残虐行為として引き出すまでには時間がかかった。「ユダヤ人」に対する迫害や虐殺に限らず、ナチスドイツによる残虐行為一般が指弾されていた。

その背後には、アメリカのユダヤ社会が、その独自の歴史や文化をアピールするよりは、アメリカ社会への同化と適応を優先し、「ユダヤ人」としての自己主張を抑えようとする状況があった。ユダヤ民族としての自己主張が差別や偏見を招くことを、恐れたのである。

また、冷戦という時代背景もあった。冷戦初期は、全体主義に対する戦いがソ連との冷戦に転化し、東西分断を基軸とした戦争認識が優位を占めていた。ドイツは貴重な同盟国であるだけに、政治的打算がホロコースト経験を脇に追いやってしまう。アメリカ・ユダヤ人委員会（ＡＪＣ）も、世界ユダヤ会議（ＷＪＣ）も、五〇年代前半には西ドイツ政府の承認に傾いたが、それは西ドイツが非ナチ化を進めたからというよりは、西側諸国の団結を高めるべきだという、冷戦状況のもとの政治的判断によるものだった。

ピーター・ノヴィックの主張にしたがえば、ホロコースト認識の転機となったのは、一九六七年、七三年と相次いで起こった中東戦争だった。中東戦争は、アメリカ国内のユダヤ人がユダヤ人として団結し、アングロサクソン系の住民に同化するのではなく自分たちの伝統を再確認してゆく、その新しい流れのきっかけになった。

六〇年代末期のアメリカは、黒人の公民権運動が高揚し、その黒人はもちろん、イタリア人やポーランド人などさまざまな民族集団が自分たちの経験を語り始めた時代である。「人種のるつぼ」が「サラダボウル」に変わっていった時代である。そのなかで、ユダヤ社会でも、民族経験を改めて嚙みしめ、語る運動が広がっていった。

ところが、ユダヤ社会には、厳格にユダヤ教の教義を守る正統派ユダヤ教徒も、出自はユダヤ人であるが宗教意識や生活習慣はアメリカ社会へ同化の進んだ者もあり、「ユダヤ人」という意識を共有する根拠は流動的である。イスラエル建国に賛成する立場が広くみられるとはいえ、イスラエル政府への政治的共感にも個人差が大きかった。

団結を求めながら、団結の基礎は確保できない。そのなかで、宗教意識の強弱にかかわらず、「ユダヤ人」としての受難を共有できる事件が、ナチによる迫害と虐殺だった。政治的信条、階層、ドイツ社会への同化の有無などを問わず、ひとしなみに「ユダヤ」という烙印を押され、迫害され、殺された。その受難が、宗教的信念や政治的な立場よりも強い、団結の核心となった。ユダヤ人の受難を語る運動の一環として、ホロコーストの博物館をアメリカにつくる計画が六〇年代末に始まり、ワシントンの博物館に結実したのである。

広島の受難が平和運動の高揚によって光を当てられたように、ここでも事件から後になって思い出す作業が始まっている。実際の経験がそのまま記憶され、記録されるのではなく、かなり経ってから事件の意味が改めて模索された。

「思い出す」行為には、フィクションが入り込む可能性もある。ノーマン・フィンケルシュタインは、その挑発的な著作『ホロコースト産業』（二〇〇〇年）において、ホロコーストは現実の事件からイデオロギー的表現に転化した、ホロコースト産業になってしまったと述べ、大変な反撥《はんぱつ》と論争を招いた。

フィンケルシュタインの議論は、ホロコーストを政治的、商業的に売り込むような工作や陰謀があるという意味にしかとれない記述が多く、とても受け入れられるものではない。しかし、それまでの議論が、ホロコーストが長らく語られなかった理由を、それぞれの被害者の抱えるトラウマの厳しさと記憶の抑圧にもっぱら求めていたのに対し、ノヴィックやフィンケルシュタインは、沈黙が記憶の再生に向かうきっかけを、アメリカ国内におけるユダヤ社会の変化に求めている。この点は重要だろう。思い出す行為には、その社会的条件がつきまとうからだ。

記憶の政治性

広島でもワシントンでも、戦争の記録を集め、伝えようとする人々が、「思い出し、伝える」作業の一貫として、博物館をつくった。それは、歴史を語ることというよりは、現在の位置を確かめるために過去を「思い出す」作業であった。ある出来事が「歴史」という大文字の「過去」のなかに追いやられることを恐れ、その出来事と「現在」の結びつきを保ち続けるように、集団的に、「思い出し、伝える」作業が続けられるのである。

「忘れないよう記憶する」作業は、「思い出すという名のもとに、新たに知る」作業であった。広島もホロコーストも、直接の経験者を除けば、忘れるどころか、なかには知らない人もいる事件だった。その事件を知ることは、未経験者にとっては、新たな知識の獲得になるはずだ。ところがその知識の伝授が、「忘れられようとしている出来事を思い出す」ことにされてしまう。当事者が「忘れられないように記憶し続ける」ための博物館と考えているものは、外部の目からみれば「すでに忘れられたはずのことを思い出し、記録し、自分が経験したかのように『記憶』する人々を増やす」ための啓蒙機関として活動するのである。

この「忘れず、覚え続ける」という名のもとに特定の世界観を伝授する過程は、ナショナリズムの共同幻想と同じ構造を持っている。「民族」も「伝統」も自覚しない者に対して、その伝統を「忘れてはならない」と説くように、経験を持たない人々にも「記憶」を求めることによって、広島やホロコーストの経験が伝えられるのである。

とはいえ、広島の記念館もホロコースト博物館も、政府の宣伝ではなく、愛国心が強制されるわけでもない。公式の歴史教育などとは異なり、戦時の受難を悼む人々が、その経験を思い出し、語り伝えるという努力の一環としてつくられたのが、広島の記念館であり、ワシントンの博物館である。どちらの場合も、公的な資金も投入されているが、政府の政策とのつながりは乏しい。そこにあるのは、国家よりは社会の側から求めて行われる、共同性の確認である。そこでは、ナショナリズムに似た要素は働いているが、国家による強制はない。

広島とワシントンの二つの博物館は、歴史一般ではなく特定の事件について、さまざまな戦争観ではなく特定の戦争認識を、直接の経験者ではない人々に記憶として伝えている。博物館を運営する側も集まる人々も、政治宣伝をしていると考えていないし、実際にも政治宣伝ではない。しかし、観客と博物館に共有された、戦争についての社会通念の確認としては、展示をする側も観る側も、ある政治的な作業に加わっている面がある。

ここでの問題は、どの戦争の覚え方が正しいかという選択ではなく、それぞれの当事者が当たり前だと考えている戦争の記憶と、そこから導かれた行為規範が、どれほど歴史的に拘束された存在であり、どれほどお互いに異なるのかを、冷静な目で確かめることだ。異なる戦争の覚え方が出会い、偏見をむき出しにした歴史論争が各地で生まれているからこそ、その記憶の成り立ちを客観的にみることが必要になるだろう。

第二章——歴史と記憶の間

最近の歴史学や社会哲学では、歴史と記憶の関わりが改めて議論されている。語り伝えや聞き取り調査など、書かれたのではなく、語られる歴史の研究が進むとともに、文字で書かれた史料から過去を再構成してきた実証史学との関係が問われることになった。

さまざまな「語られる歴史」のなかで議論の集中したのが、戦争の記憶だった。歴史記述における、記憶、戦争、そして国民意識の持つ意味について考えてみよう。

歴史とは記憶だろうか

歴史記述における記憶は、ことにピエール・ノラの『記憶の場』(一九八四年)が刊行されてから、さかんに議論されるようになった。ノラの議論をおおまかにまとめれば、次のようになるだろう。かつては歴史と記憶は切り離せないものだった。ところが、歴史研究が学問分野として制度化されてゆくと、その生き生きした記憶は切り捨てられ、記憶によって結びつけられている過去と現在との水路も断たれてしまう。過去と現在のつながりを取り戻すためにも、歴史研究に記憶を取り戻さなければならない、そうノラは主張した。

記憶そのものが、過去についての見方を変えることもある。ノラにも影響を与えた社会学者モーリス・アルヴァクスは、その著作『集合的記憶』において、いま残された記憶とは、浜辺に海の水が打ち返し、引いたときにできた水たまりのようなものだ、という印象的な比喩を用いている。水たまりは、浜辺の地形や、石の配置によって、場所も大きさも変わる。同じように、国家から教会に至るさまざまな社会制度によって、残される水たまり、つまり記憶の中身も変わるだろう。記憶されたものの検討を通して、その時代の社会制度について新たな知見が得られるかもしれない。アルヴァクスのいう、記憶の考古学である。

記憶研究の課題はさまざまである。個人の記憶と、より多くの人々に共有される集合的記憶との関係は何か。集合的記憶と、社会、国民、政府など、「公的領域」はどのように関わっているのか。過去の出来事を祀り、顕彰する記念儀礼（コメモレーション）と集合的記憶はどのような関係に立つのか。記憶に注目する歴史学と、伝統的な実証史学との間にはどんな違いがあるのか。歴史記述一般への批判も含め、いずれもいま、広く議論されている問題である。

記憶に関心が向かう前提には、過去半世紀における歴史記述の変容がある。書かれた資料に頼る歴史記述への不信は、以前からさまざまなかたちで表明されていた。資料や文献は、書く能力を持ち、書くことを許されている者の視点を表明しやすい。それだけに、政治権力、富、教養に恵まれた側の視点が歴史記述に反映されることになる。

フランスのアナール派、E・P・トムソンをはじめとしたイギリスの社会史学、さらにインドのサバルタン研究など、さまざまな試みをここでひとまとめに扱うことには、異論もあるだろう。しかし、それらの試みはすべて、従来のような文献資料に頼る歴史記述への不信から出発し、口承伝承の記録、故老からの聞き書きなど、つまるところ記憶の記録を通した歴史を模索した点で、共通したものがある。

記憶は歴史になるだろうか

人の口から伝えられた物語や記憶、口承伝承や聞き書きは、しかし、文書による歴史記述の欠点を補ってくれるような扱いやすい存在ではなかった。語られた過去には確実なリアリティーこそあるものの、内容は曖昧で断片的で、まことに捉えがたい。それだけに、物語や記憶とは、記録の整理とプロフェッショナルな構成に基づく歴史研究とはまったく異なるアプローチを要求する、新しい歴史だった。ここで歴史家は、そのような手法を、数多い分析用具の一つに押しとどめるか、それともその方法に賭けて新たな歴史を模索するか、という選択に直面する。

記憶に注目する歴史家たちは、いわば記憶を通した記述の可能性に賭けた人々である。アウシュヴィッツの記憶について研究を進めてきたドミニク・ラキャプラは、歴史記述を、学術的な、専門的な意味でのみ捉え、公的な記憶と、その記憶のなかに含まれた倫理的な意味合いを歴史記述から引き離すことはできるのか、またそんなことをしてもよいのか、と問いかけている。倫理的な意味も含めて、この「公的な記憶」を捉える研究が、ここから出発する。

それでは、記憶と歴史はどんな関係に立つのだろうか。歴史家にとって、個人の記憶とは、信憑《しんぴょう》性の多少怪しい史料の一つに過ぎない。しかも、文字で書かれた文書とは異なり、個人の経験談や記憶は、忘れたり、覚え違いをしたり、断片的な事実を恣意的に物語に組み替えた、頼りない存在だ。

そんな記憶が大きな役割を果たす場面は、少なくとも三つある。

一つは、ほかに資料のない「過去」について、「書かれた歴史」の欠落を補う手段としての聞き書きである。そのような、補完としての聞き書きは、これまでにも行われてきたから、特に新しいものではない。

第二の方法は、もっと野心的である。過去を歴史家の手によって加工する対象に追いやってはいけないという認識をもとに、現在の暮らしと生に意味を与える源としての過去を取り戻すため、現在から過去を捉える手がかりとして、記憶に注目する。

この方法は、記憶を道具に使うだけでなく、記憶への意味づけをも重視している。過去の記憶は、人々の「現在」に意味を与える出来事であり、それぞれの人にとってかけがえのない意味を帯びている、歴史家は、その記憶がそれぞれの人に持つ生き生きとした意味を度外視してはならない、というのである。ピエール・ノラが「記憶」を強調した理由も、「歴史」に追いやることで、過去と現在の関わりを失うことを恐れたためだった。

最後に、もっと踏み込んで、物語の回復を求める人もある。記憶として共有し、あるいは共有していると思い込んでいるひとつながりの物語を、その語られているままの姿で再構成すること、歴史研究に「物語としての歴史」を取り戻すことが大切だ、という考え方だ。専門的な歴史学は、その社会で受け入れられた「歴史物語」から大きく逸脱すると、曲学阿世の誹《そし》りを受けるという宿命を抱えている。だとすれば、歴史学に物語を取り戻してもよいではないか。ここでは、客観的記述としての歴史は、極端に相対化されている。

何を記憶として語るのか

このように、歴史記述に記憶を取り戻すといっても、その方法にはずいぶん違いがある。それでは、どこから手を着ければよいのだろう。

文献資料を通した政治史や経済史では、何を歴史の事件として捉えるのか、寄りかかるべき基準がそれなりに存在した。時代によって意味が変わるとしても、第一次世界大戦や第二次世界大戦の勃発が重大事件であることは否定できない。なぜ戦争が始まったのか、開戦原因の解明が主な作業だと考える限り、サラエボでオーストリア皇太子を狙った青年が何を考えていたのかよりは、ロンドンやベルリンの戦略的判断の方が、歴史的に重要だと考えられてきた。

「記憶」を大切にする歴史は、そのような事実の選択や資料の選択に挑戦する試みである。第一次大戦を招いた政治家や軍人の判断とその間違いばかりに注目する歴史だけでは、いかにも狭すぎるだろう。政治史の背後にこれまでは追いやられてきた、ほかの要素が引き出され、新たな歴史が模索される。

政治家の判断ばかりでなく、市民社会のなかの帝国意識、セルビア・ナショナリズム、動員された兵士の家族、銃後の暮らしを語らなければならないのではないか。それでいえば、「同じ戦争」が戦われていたのか。同じ「国民国家」のなかでも、地域、家族、民族によって、まるで違う「戦争」があったのではないか。それまでは当然として受け入れられてきた概念や判断基準は、社会意識に手を伸ばした歴史記述によって揺るがされてゆく。この例でいえば、社会史を通した新しい第一次大戦のイメージが生まれることになる。

対象の設定は資料の有無や社会通念に頼ってはならない、頼れば「権力者からみた歴史」になるだろう。この議論には、確かに説得力がある。記憶を通した歴史は、「歴史において語るべき対象」に関する共通了解を壊すことで、歴史の豊かさを取り戻した。

しかし、彼らの功績もここで止まるのである。歴史記述の範囲を「社会」と「記憶」に広げた段階で、その先の歴史記述は、それまでの文献資料を中心とした歴史よりもさらに恣意的になる危険が生まれるからだ。

個人の回想、家族の記憶、そして民族の伝承など、ほとんど無限に広がる対象のなかから、歴史家として語るべき対象を選ぶにはどうすればよいのだろうか。さらに、ある記憶と他の記憶をより分け、判別し、再構成する基準はあるのか。そもそも基準を外から当てはめることは許されるのか。記憶という手段を手にすることで、何をどう分析するのか、混乱が生まれてしまう。記憶に手をかけると、どの記憶が語るに値するかという問題に答えざるを得ない。

有意義な過去としての戦争

歴史研究の対象として、どのような過去を取り上げればよいのか。この、「有意義な過去」の選択をめぐるジレンマのなかで、歴史家が明らかに語るべきだと合意できる「有意義な過去」が、戦争の記憶だった。参戦を強いられた軍人にとっても、またその暴力の犠牲となった人々にとっても、戦争は「忘れたくても忘れられない」記憶に属している。また、忘れていた場合には、なぜ忘れていたのか、それは記憶の抑圧ではないかという議論を立てることができる。

ここで議論されるのはある災厄の記憶である。災厄から時間が経って語られることが多いのは、その事件があまりに悲惨なため、トラウマとなったからだ、という説明だ。時間の経過とともに、抑圧された記憶もようやく表立って語られるようになり、それまでは知られていなかった暴力の姿もわかるようになる。加害を受けた犠牲者が、その加害の記憶をよみがえらせることによって自我を再建する、いわば「自分探し」の過程が、歴史の再発見と並行して進むことになる。

また、戦争の記憶は集団を横断した経験であり、そのために、個人・共同体・民族・国家というそれぞれに異なるレベルを、結びつけて捉えることができる。これは、歴史と記憶を考えるうえでは魅力のある特徴だ。歴史と記憶を考える際に厄介な問題が、個人と集合的記憶との関係だからである。

個人の記憶と、より共同性の高い共有された記憶、さらに抽象度の高い「民族」や「国民国家」の記憶は、どのように結びつき、結びつかないのだろうか。個人の記憶が「民族」や「社会」の記憶と結びつく必然性はない。共同性や抽象性が高まるほど、「記憶」よりは政治的な目的によって操作されるイデオロギーとしての性格も生まれるだろう。

ところが、こと戦争については、その事件が膨大な数の人々を横断するだけに、それぞれの経験と記憶の持つ「公的性格」は、確実に保障されている。戦争の記憶の分析が、歴史と記憶に関する研究の多くを占める理由は、ここにある。記憶を通した歴史の研究が戦争に対象を限る必要はない。しかしその多くは、ことにホロコースト（ショアー）研究を中核として、第二次世界大戦の記憶を対象として進められた。それは、戦争を対象とするときには私的記憶と公的記憶の間に存在する面倒な方法論のジレンマが、幾分とも緩和されるからである。

こうして、「戦時の苦難」は、個人の記憶にとどまらず、「あの苦しかった時代」の「証言」に昇格する。それぞれの記憶は、より大きな出来事の重要な断面を示す「歴史の証言」となり、当事者・経験者であることによって、その信用が支えられる。さらに、「歴史の証言」として記憶を「思い出す」作業は、それ自体が、過去についてそのときに共有されている社会通念に従い、記憶を再構成する結果も伴うだろう。

戦争が研究対象に選ばれた背景には、学者だけでなく、一般市民によって、戦争の回顧が広く行われてきたこともあるだろう。日本、アメリカ、シンガポール、そのどこをとっても、第二次大戦終結五〇周年を機会として開かれた記念式典や研究集会は、かつての従軍兵士や、戦時の犠牲者による「証言」によって満たされていた。そのような記憶の回顧は、「戦争と記憶」研究に拍車をかけるばかりでなく、それぞれの個人による「戦争の思い出し方」を規定していった。

記憶に頼る歴史

さて、公式文書や政治家の回顧録に頼る歴史には、確かに限界がある。政治家の決定ばかりを追う政治史の事大主義と、経済構造の拘束力を誇張する経済史の決定論も、行き過ぎれば戯画に過ぎない。しかし、記憶に頼る歴史記述にも、いくつかの問題が残る、と私は思う。

すぐ出てくる問題は、記憶の信憑性である。ある事件を経験した当事者が、その経験のなかで、どの事実を選択して覚えるのか、外から判断することはできない。ましてそこに「思い出す」という作業が加わると、自分が記憶していたと考える経験につながりを与えるために、事実の断片を結びつける過程で実際とは異なる物語が組み立てられる可能性が残る。当事者に虚言の意志がない場合でも、記憶による過去の再構成には限界がある。

また、口承伝承ばかりでなく、裁判の証言などでもつきまとう問題として、経験談は本当に経験談なのか、という疑問も残る。本人が直接に経験していない伝聞が、実際の経験と混じり合い、伝聞と経験が区別できないことも多いからである。

それぞれの経験談を「証言」として採用してしまえば、その「証言」の当否を外から判断することが難しいだけに、「経験談」の危うさが、歴史記述のなかに持ち越されてしまう。戦争の記憶について書かれた本の多くは、当事者の聞き書きによって占められているが、戦争経験をめぐる論争のかなりの部分も、「証言」の真否をめぐる陰惨な争いとして展開している。

より基本的な問題も残る。記憶に頼る歴史は、過去の一時点を追体験する「歴史」である。逆にいえば、過去に没入するために、その過去と現在との間に起こった変化が認識から除外される懸念がある。極端な場合は、過去から現在までの時間が忘れ去られ、過去の犯罪が、逃れることを許さない夢魔のように呼び起こされることになる。

過去の罪状によって現在を裁くことは、いつまで、またどの程度まで許されるべきか。戦争裁判や、戦争責任をめぐる論争のなかで、この問題は、繰り返し争われてきた。被害者にとって、歴史は過去で止まっている、そこに戻ることなしに正義はあり得ないという考えには、確かに耳を傾けるべきところがある。しかし、法的責任の問題を別にすれば、ここでは、過去から現在と未来をつなぐ歴史意識が壊され、時間に沿った変化が視野から抜け落ちることが、より深刻な問題である。「進歩史観」に対する疑問が「記憶としての歴史」への回帰を進めたとしても、過去の一時点を想起することに歴史を押しとどめるのは、やはり狭い歴史観念だろう。歴史の変化が「思い出すこと」に吸収され、時間の変化を消してしまうからだ。

公的な記憶と私的な記憶

私的な記憶と公的な記憶を直線上に結びつけることができるのか、この点も問題になるだろう。個人の記憶と公的な記憶を並べ、個人の回想に公共的な意味を与えれば、公的領域と私的領域の境界が無条件に取り除かれてしまう。そのために、私的な経験から、集団的に共有される倫理的判断までが、一直線で結びついてしまう。

これは、歴史記述を容易に政治化する判断であり、「民族」や、悪くすれば「やつら」を単位とした記述を招きかねない。ユダヤ系住民に加えられた暴力は、そのときの政府の責任や、その暴力を行った個人の責任ではなく、「ドイツ人」の行為として語られる。中国系住民に加えられた暴力は、日本政府や軍人の行為ではなく、「日本人」の行為に拡大される。そこでは反証を挙げた弁明は許されない。売りことばに買いことばのような、陰惨な歴史論争が生まれることになる。

最後に、歴史と記憶の操作についてもふれておこう。公的な記憶が政治目的に合わせて操作されることは珍しくない。政治の安定をはかるために、新興独立国などにおいてナショナリズムの刺激による政治的団結が模索されることも多い。戦時の苦難を回顧することで、国民の団結を促すわけである。インドネシアやシンガポールなどにおける独立記念式典や戦争の回顧をみれば、記念儀礼や追悼儀礼などを通して、国民の一体感を養おうという政治的意図を、明確にみることができるだろう。ここでは、過去の記憶は、現在の生存に意味を与える、確認の手段に過ぎない。

戦争の記憶に関する近年の研究には、二つの、まるで反対の方向がある。一方の極には、すでに述べたような、抑圧された私的な経験を思い出し、記憶を取り戻す、という試みがある。ここでは、過去と現在の結びつきを確認するというよりは、忘れ去ろうとしていた過去を掘り起こすことで、現在の意味をまた別のかたちで構成することが主な仕事だ。もう一方の極は、記念儀礼の果たす役割に注目する。ここでは過去は現在を正当化する手段であり、伝統の操作や創造さえ行われることがある。公的記憶とは、政府のつくるフィクションの一種であり、政治的動機によってあやつられている。

このような政治権力によって操作される公的な記憶と、個人にとって大切な、しかし抑圧されがちであった私的記憶とでは、同じ戦争の記憶でも大きな開きがある。さらにいえば、公的な記憶が間違いで、私的記憶が正しい、ということにもならない。記憶が記憶として意味を持つためには、過去の断片は必ず含まれている。同時に、その記憶には、それを思い出す主体による取捨選択と意味づけが避けられない。公的記憶でも私的記憶でも、どこまでが間違いでどこからが正しいか、明示する手段も制度もないままに、過去が語られることになる。

それぞれの物語

このように、文献資料に頼る歴史に限界があるとすれば、記憶や証言に頼る歴史にも、やはり危ういものがある。分析する側が冷静な判断を下すべきときに、対象への距離を放棄する可能性があるからだ。

ところが、歴史から記憶や物語を切り離すと、読者も離れてしまうかもしれない。自分たちに意味を与えるフィクションとしての役割も、歴史記述には含まれているからだ。「私たち」の物語は、政府や国家権力に強制されるから読者が信じているとは限らない。過去から現在に至る道筋のなかに自分たちを位置づける、その物語への需要は、確実に存在する。物語そのものはいかにフィクションであろうとも、求める気持ちの方には真実があるというべきだろう。物語を排除した出来事の記述だけでは、読者は自分の意味を過去の歴史のなかに見出すことはできない。記憶に頼る記述は危ういが、物語を切り捨てることもできない。この微妙な均衡のなかに歴史記述の課題がある。

記憶から導かれた教訓や物語は、地域や時代によって異なる意味を持ち、同じ事件に関する物語でさえ、違う方向を向くことがある。それぞれの記憶と、そこからつむぎだされた物語が、まさに「共有された倫理的判断」を持つために、ぶつかってお互いの違いを自覚すると、相手を認めず、排除する方向に動いてしまう。異なる戦争の覚え方の背景には、このような、固有の記憶に根ざした複数の物語が、同時並行して語られる仕組みが控えている。

それでは、異なる物語が出会うときに何が起こるのか。次に、正戦と反戦の出会いを考えてみよう。

第二章——正しい戦争

アメリカ社会と戦争

広島の平和記念資料館とワシントンのホロコースト博物館とでは、戦争の見方に違いがあることは、すでに述べた。ひとまとめにいえば、「広島経験」は反戦を伝え、「ホロコースト経験」は無法な暴力に対して立ち上がる義務を伝えている。

この違いの背後には、戦争認識の違いがある。一方では、戦争そのものが悪なのだから、誰が戦っているかは二次的な意味しか持たない、戦争に正義を求めることは間違いだ、という見方がある。他方、侵略が悪なのであって、侵略者に対する自衛は当然の選択だ、そこでの戦争は正義であり、義務だ、と考える人もいるだろう。

さて、どちらが正しいのか？　ここでは、それぞれの社会で、どのような答えがこの問題に出されたのかを考えてみたい。どの社会でも、戦争のパラドックスについて多くの人が疑わない通念が形成され、その通念が社会によって違うからだ。この章では、アメリカの戦争観の変化を追いかけることで、現在の多くのアメリカ人が当然のように受け入れている戦争観、つまり武力を通した正義と平和の実現という考え方がどのように受容され、歴史的経験によってどれほど左右されたのか、考えてみたい。

1——エノラ・ゲイの展示をめぐって

兵器の博物館

日本とアメリカの間で、戦争の認識、もっといえば戦争を受け止める感覚がいかに異なるかを示す博物館が、ワシントンの、アメリカ航空宇宙博物館である。ホロコースト博物館から歩いて一五分ほどのところにあるこの博物館は、スミソニアン協会に属する数多くの博物館のなかでも文句なしに最高の人気を誇り、平日の朝でも、広い館内を一杯にした観光客が、大声で騒ぎ、楽しんでいる。

ところで、展示の多くは兵器である。それも、第一次世界大戦や第二次世界大戦に用いられた過去の兵器ばかりではなく、現在の戦闘機や、米ソ両国の核ミサイルなどが展示されている。ライト兄弟の飛行とか、宇宙への挑戦、月着陸、あるいは民間旅客機の展示など政治的に無色の展示と戦闘機やミサイルが並べられているのが、この博物館の特徴である。

おそらく日本では、「悪いこと」という含みを持った添え書きや説明書きなしには、兵器が展示されることは少ない。兵器の展示は、航空ショーなど、どちらかといえば特殊な興味を持った人を対象としている。それがアメリカでは、非日常的な暴力や厭《いと》うべき過去の表現ではなく、自動車や冷蔵庫のような日常的生活物資のように現代兵器が並べられている。ちょうど冷蔵庫が食品の腐敗から日常生活を守るように、核ミサイルや戦闘機は、アメリカの市民生活を戦争から守っている、という感覚である。観客が核ミサイルを冷蔵庫と勘違いする恐れは少ないとしても、民間航空機と戦闘機との違いを日本の観客ほど強く感じているとは思われない。

原爆展と論争

航空宇宙博物館は、民間の援助を得て、日本に原爆を投下した爆撃機、エノラ・ゲイ号の修復を数年間にわたって進め、修復の成功にあわせて、原爆投下から五〇年を経た一九九五年に向けて、大規模な展示を企画した。当初は、広島への原爆投下について、どちらかといえば客観的な展示が準備されていたが、その内容が退役軍人団体などに伝えられると、これは歴史の書き換えではないかという反撥が広がった。原爆投下によって日本が負け、戦争を終わらせることができたと考える人々にとって、原爆投下を大量虐殺と考えることは、歴史に対する不当な「修正主義」であり、冒瀆《ぼうとく》に他ならなかった。

国際平和を乱した軍国日本にとどめをさすことのどこがいけないのか。原爆を投下したからこそ日本が降伏し、戦争が終わり、多くのアメリカ人どころか日本人の生命も救われたのではないか。一部の研究者の恣意による歴史の書き換えを見過ごしてはいけない、そんな声が一九九四年七月以後広がる。もとよりこの展示は退役軍人団体などの支援を受けて準備が進められていたが、それらの団体がこの展示に強く抗議し、議会でも、航空宇宙博物館の母体にあたるスミソニアン協会への批判が高まった。

九五年一月には、当初準備されたような大規模な展示は中止され、修復されたエノラ・ゲイ号を、その修復過程の紹介とあわせて、博物館の西側の一角で展示するにとどめることになった。しかし、その後も議会の批判はおさまらず、博物館予算も削減された。スミソニアン協会の会長は、この件の責任をとって辞任した。

エノラ・ゲイの展示はアメリカのマスメディアでも激しく争われたが、その内容はスミソニアン協会が当初企画した展示を支持するものと批判するものとに分かれている。展示企画に疑問を投げかける記事を最初に載せた「ワシントン・ポスト」紙の記事・社説をみても、見解の一致といえるようなものはない。

この展示の中止(正確には縮小)は、日本では厳しい反撥を招いた。広島在住の詩人栗原貞子は、「原爆投下がお慈悲であるならば/皇軍の南京虐殺二十万も/ナチスの毒ガス虐殺六百万も/お慈悲であろう」と書いた(「朝日新聞」一九九四年一一月一九日)。反撥だけではなく、広島・長崎の悲劇をもっと伝えるべきだ、という声も大きかった。被爆経験が海外ではまだ知られていないからこそ、このような無知に基づく暴論も生まれるのだ、ぜひ「知ってほしい」という主張、つまり被爆経験の実情を知れば展示に反対する声はなくなるはずだ、という議論である。「朝日新聞」の社説（一九九四年一一月三日）は、「右から見ると赤く見えるものが、左からは白く見える。世の中にはそんなことが多いが、とりわけ戦争に関する評価となると難しい」と切り出し、原爆展を批判するアメリカ世論にも耳を傾けつつ議論を進めているが、これはごく例外に属している。

エノラ・ゲイの展示をめぐって生まれた紛争は、日本とアメリカにおける戦争の記憶の、絶望的な距離を示している。アメリカ人にとってエノラ・ゲイは、原爆を投下して日本を降伏させ戦争に勝利を収めた、「国民の物語」の一章だった。日本人からみれば、原爆は第二次世界大戦における破壊の頂点であり、核時代の始まりだった。「国民の物語」の神話性が暴露され、戦争を繰り返してはならないという反戦思想への転換が起こる、その中核が、広島・長崎の被爆だった。同じエノラ・ゲイ号が、アメリカ人にとっては戦勝のシンボルであり、日本人にとっては反戦の出発点なのである。

世界の破滅への対抗であれ、勝利の思い出であれ、その記憶が現在の生活の意味までも左右する以上、客観的な分析は敵になる。双方が、自分たちの持つ偏見を棚に上げて相手の持つ偏見を暴露することに専念する以上、歴史を捉える視点の、もうその段階で、この論争は不毛でしかあり得なかった。スミソニアン博物館に協力した歴史家たちは、博物館の観客たちが、事実の検討よりは神話の確認に関心があることを知って、たじろぐほかはなかった。

正戦か、反戦か

ホロコーストの記憶と広島の記憶だけなら、戦争の暴力の記憶として、同時に、同じようなやりかたで悼むこともできるだろう。いずれも一般市民に加えられた不条理な暴力として共通点があるからだ。

しかし、エノラ・ゲイ展示の場合、正戦か、反戦か、価値観の選択が迫られるだろう。不法な暴力や侵略に対して「正しい戦争」が必要だと考えるか、それとも戦争の犠牲が破滅的に拡大した核時代には正しい戦争などない、戦争そのものを廃絶しなければならないと考えるか、その選択が避けられないからだ。

もっとも、原爆投下に関する実際の論争は、正戦か反戦かという選択として争われてはいない。アメリカでは、第二次世界大戦終結にあたって(つまり、日本のポツダム宣言受諾にあたって)原爆投下がどれほど大きな役割を果したのか、ここに議論が集中してきた。戦争の正当性ではなく、目的に対する手段としての合理性が議論されていることになる。日本では原爆投下を正当化する主張はごく少ない。また、原爆投下の目的は、日本の降伏を促すことより、終戦とそれに続く占領のイニシアティヴをソ連に奪われないことがねらいだった、だからソ連参戦の前に原爆を投下したのだ、という解釈を受け入れる人も多かった。原爆投下は戦争終結というよりは、ソ連に向けた冷戦戦略の始まりだったという議論だ。政策目的を狭い軍事戦略に還元することで、政策の合理性や正当性を否定するのである。

このように議論を立てる限り、正戦か反戦かという問いに答える必要はない。原爆による戦争終結という議論は、核兵器の破壊から目を背けているばかりか、ポツダム宣言を日本が受諾するにあたってソ連参戦が果たした役割をも過少評価している。ソ連に先手を打った原爆投下という説も、アメリカを狭い意味の国益追求の主体にまで押し下げることで、日本の侵略に対抗する軍事行動は正当ではなかったのか、やはり問題は日本の開戦の方にあったのではないかという、戦争責任と正義の問題を押し隠すことができる。

でも、概念操作だけでは問題はなくならない。正戦と反戦のジレンマは、それぞれの側に、個別の状況解釈を超えた、一般的・倫理的判断をつくり、刻み込むために、お互いの対話や議論はほとんど成り立たないのである。

老人とB29

私は、一九九五年の末に、エノラ・ゲイの展示をみた。その際に、展示されたB29の前で、家族に向かっておしゃべりを続ける老人がいた。

老人は、戦争で日本人をやっつけた話を、孫だろうか、小学生よりは年かさにみえる子供たちに話していた。

老人は機嫌がよかった。戦時中には自分も飛行機に乗っていたらしく、そばに日本人とおぼしい人が聞き耳を立てているのに気づかず、戦時中の武勲談を話し続けていた。子供たちも、特にうるさがる様子もなく素直に聞いていて、それがまた老人にはうれしいようだった。

それは、ある個人の記憶と、国民の戦争の記憶が、ないまぜになって次の世代に伝えられる風景だった。そして、そこで伝えられた内容は、日本でのそれとはかなり違うものだったはずである。

私は、エノラ・ゲイの展示が嫌いだった。それでいえば、核ミサイルと宇宙ロケットが、旅客機と当然のように並んで展示されている、この博物館そのものがいやだった。しかし、エノラ・ゲイ号の展示の前で、上機嫌で戦争の昔話をする老人には、確実なリアリティーがあった。

原爆投下は、この人には「うれしい」出来事だったのである。これで日本は屈服する。戦争が終わる、もう自分は死ななくてもよい。戦死の恐怖から解放され、戦勝に喜びを見出すのは、当然かもしれない。

そのような思いを持つ側からすれば、中国、東南アジア、そして真珠湾を侵略した日本に原爆投下の道義的責任を問う資格があるとは考えられないのだろう。広島・長崎の被爆は侵略戦争を始めたことに対する当然の報いであり、戦争を終わらせることで、アメリカ人ばかりか、軍国主義のもとで虐げられてきた日本人の生命も救ったことになる。

ここでは、個人がある事件に抱く喜びと記憶が、大文字の、しかもかなり片寄った政治的判断を支えている。私的記憶として身体に刻まれた「正戦」論は、確かに学者の反論や展示ぐらいで揺らぐものではないだろう。

アメリカの老人にとって原爆投下が戦争終結のシンボルであり、正しい戦争の最後の一章であったとすれば、日本の側では、原爆投下は大量殺戮の時代の幕開けであり、人類の滅亡と隣り合わせに暮らす恐怖の始まりだった。兵士と市民の区別なく、性別、宗教、善人や悪人の区別なく、一瞬で大量の人々を抹殺し、生き残った人々の身体にも、終生なくなることのない戦争の傷が刻み込まれた。

アメリカの雑誌には、終戦の喜びに沸くタイムズ・スクウェアで抱擁する男女の写真が掲載された。その写真と原爆投下の写真は、ともに終戦の象徴として、戦後五〇年を祝う企画に何度も掲載された。抱きあう男女と原爆投下の写真を横に並べてしまう感覚は、私にはわからない。だが、原爆投下にまるで違う意味を読み込むような人がいたことを知るのは、意味があるのだろう。同じ事件が、アメリカでは正戦論に含まれてしまい、日本では反戦論の基礎をつくったからだ。

2——ヨーロッパの戦争観・アメリカの戦争観

正戦と反戦の間

正戦思想と反戦思想の違いはどこから生まれるのだろうか。

意外に思われるかもしれないが、この二つには似たところがある。反戦思想が戦争を倫理に反するものと考えるのは当然であるが、正戦思想も、けっして戦争を美化する思想ではない。むしろそれは、戦争を憎むべき犯罪だと考えるからこそ、戦争を始めた国家や個人に対して徹底した制裁が必要だ、制裁があればこそ戦争のような違法行為も生まれなくなるのだ、という考え方である。

戦争は倫理に反すると考え、政策の手段としては戦争を否定するからこそ、侵略者に対して加える武力制裁も正当化されることになる。そして、正戦思想と反戦思想のいずれもが、戦争を現実として受け入れ、それに対して倫理的判断を加えることを否定する、リアリズム、現実主義と呼ばれる伝統的な国際政治の観念と、対極に立っている。反戦の反対は正戦ではない。正戦思想と反戦思想の対極に現実主義が位置するのである。

このリアリズムとは何だろうか。日本の平和主義に対抗するものとしてよく議論される、この考え方についてまとめておこう。ひとくちでいえば、リアリズムとは、戦争を国家による政策の合理的手段として認める、古典的な国際政治の仕組みである。それぞれの国家は、主権国家として、その「国家理性」に基づき「国益」を追求する。「国益」を確保する手段の一つに戦争が数えられる。

世界が主権国家に分かれ、その国家に法を適用し指図する世界政府はない以上、戦争遂行に法的判断が加えられることはない。主権国家が最高の権力であるために、戦争における違法と合法の区別も意味をなさないのである。各国は、その合意する条約や法を守ることは求められるが、その条約や法は国際関係における倫理的規範を定めるというよりは、国際関係の現状維持を目的とすることが多い。つまり、あるルールのもとに国際関係が保持される限り、諸国の行動に善悪の判断は加えられないのであり、戦争はそのルールの認める行動に入る。

このような古典国際政治は、国家への法の適用を拒み戦争を認めることから、ルールの及ばない弱肉強食の世界だ、そう考える人もいるだろう。しかし、戦争は自然災害のように「起きる」出来事ではなく、各国に行為として「認められる」のである。戦争をルール違反とはしないがルールなしに戦争が「起きる」わけでもない。わずかなルールをかぶせたうえで戦争を認めるのが、ヨーロッパ国際政治の特徴だった。

この国際政治は、力だけが支配する弱肉強食ではなく、それ自体がルールの体系、規範的体系としての性格を持っていた。その背後には、国家がお互いに相手の存在を認めることで国際関係が成立する、という認識がある。群雄割拠はヨーロッパ世界に限らないが、群雄割拠が世界の常態だという相互了解はヨーロッパにしか生まれなかった。世界は国家に分断され、国家によって構成されている、そう考える各国が存在してはじめて「国際政治」も成り立つのである。国際政治とは、「主権国家体系としての国際政治」を維持することに合意した各国のつくる世界だった。

ヨーロッパ古典外交の起源

三十年戦争終結後のヨーロッパに生まれたとされるこの国際関係の体系は、それ以前の宗教戦争の時代と、「正しい帝国」を追求した時代の終わりを受けて生まれた。キリスト教を信仰する皇帝のもとで統一されたローマを復興する試みは、せいぜい神聖ローマ帝国のような名ばかりのローマをつくることしかできなかった。その虚構のもとではキリスト教世界が分裂し、諸国・諸王・領主の抗争に加えて宗教戦争も起こった。傭兵《ようへい》の暴走、家臣の謀反《むほん》、領主権の弱まりを受けた農民の反乱が頻発し、さらに疫病まで流行するなど、無惨な暴力が広がっていった。

正しい宗教と正しい帝国の追求は、暴力と混乱しか生まなかった。この現実を前にして、国際関係における正義と政治秩序としての帝国の実現を断念したのが、古典国際関係の始まりだった。どうせ実現しないキリスト教世界の統一はあきらめよう、ヨーロッパの政治的統一もあきらめよう、そして、各国に分断されたヨーロッパという現実を受け入れよう、それが三十年戦争終結の合意であるウェストファリア条約だった。

これは、ことばを換えていえば、正戦を断念し、戦争という現実を受け入れたことを意味する。もちろんこれは戦争廃絶のような規範とは無縁であるが、正義と暴力の結合が結びつくと戦乱が広がり、押しとどめることができなくなるという状況認識のあらわれでもあった。

そこにはまた、人間の行為として戦争を捉える、際立って「近代的」な視点、つまり戦争を国家の行為として、そして国家を人間のつくった制度として捉える、後期ルネサンスの残照を受けた戦争観もあらわれている。戦争は宗教的善悪からも人の手の及ばない自然災害からも切り離して捉えられたのである。

戦争を手段として認めたからといって、戦争ばかりが続いたわけではない。ウェストファリア条約以後のヨーロッパ国際政治は、動乱と相対的安定のサイクルをたどってゆく。一八世紀は、衰えつつあったハプスブルク帝国の遺産を、ブルボン朝フランスなどの新たな絶対王政がお互いに争う戦乱によって、脅《おびや》かされた。一連の戦争の頂点となった七年戦争は、各国の財政を、さらに絶対王政の基礎を揺るがすことになる。戦争遂行を一因とする重税が、イギリス王権に対するアメリカ独立と、ブルボン朝に対するフランス革命を招いてゆくからである。

アメリカ独立革命も、フランス革命も、戦争に反対して起きたわけではないし、反戦運動などということばで、くくることはできない。しかし、アメリカ独立でもフランス革命でも、国王の恣意が引き起こした戦争への鋭い批判がみられたことには、注意すべきだろう。

とはいえ、フランス革命が招いたのは、ヨーロッパの平和どころか、国民軍という強力な軍事組織を基礎とした、かつてない戦乱と、ナポレオンのもとの帝国支配だった。戦争が革命の土台をつくり、その革命が新たな戦争を巻き起こしたのである。

国家の社会としての国際関係

戦乱の後に訪れたウィーン体制は、国家間の合意による秩序維持（欧州協調）と国内社会における王権の復活という二面性を持つことになる。ウェストファリア条約からちょうど一回転して、また「国家の社会」としての国際関係が再建された。

ウィーン体制によって組み替えられたヨーロッパの秩序は、一九世紀中葉の諸革命、イタリア統一、さらに普仏戦争とドイツ統一によって大きく揺るがされた。その細目はここでの議論を超えるが、ここで確かめておく必要があるのは、ウィーン体制はもちろん、ビスマルクのもとの「新しい勢力均衡」においても、国際政治の基本認識には大きな変化がみられなかったことである。国際関係とは、諸国が戦争を政策の手段としつつ、世俗的利益を争う世界であり、そこでは、正しい戦争と誤った戦争の区別は、基本的に存在しない。

戦争の正当性を疑ったり、戦争行為の正当性を否定したりする世論も、キリスト教徒や社会主義者たちの運動などにはみられた。クリミア戦争におけるナイチンゲールの活動など、戦争の悲惨を告発するような運動も広がりはした。しかし、一九世紀末に至り、各国で立憲政治や議会政治への転換が進んだ後も、こと外交政策に関しては、世論は政策決定から排除されていた。戦争は国家の通常の政策に過ぎず、その善悪を取りざたする声は国家の外に置かれていた。

アメリカと戦争

アメリカでは、ヨーロッパとはまるで違った戦争観が育っていった。政府が市民に責任を負う以上、市民社会への説明や正当化なしには政策は成り立たず、外交も例外ではない。外交政策が世論の支持を前提とする点で、アメリカにおける外交の観念は、出発点からヨーロッパ諸国と異なっていた。それは、大統領と議会がともに外交権限を持ち、大統領の決定を議会がくつがえすことができる、という政治制度の特徴となって現れる。議会と相談しなければ国際協定を結べない王様は異常な存在だが、大統領の場合はそれが普通だった。

さらに、アメリカでは常備軍が否定された。フリードリッヒ大王などの改革を受けて、一九世紀のヨーロッパ諸国では、平時にも職業軍人を雇い、訓練するのが普通になっていた。アメリカではその常備軍が認められず、戦闘が必要となったときには民兵を動員して自衛するのが原則だった。ヨーロッパでは、国際関係にはいつでも戦争が起こりうると考えたのに対して、「新世界」のアメリカでは、外敵に対する自衛のほかには想定される戦闘もなく、自衛の主体は自分たちだった。常備軍による戦争と、民兵による自衛の違いは明らかだろう。

外交政策に議会の統制がかかり、常備軍を持たないだけでも、戦争への制約が生まれる。議会と市民が正当な行為だと認めない限り、戦争を始めることもできないからである。そしてここには、「正しい戦争」という観念と、「戦争は正しくない」という観念の萌芽が、ともに潜んでいる。国家理性と国益によって戦争を正当化したヨーロッパと異なり、アメリカでは「正しい」と認められなければ戦争も戦えないからである。

しかし、いったん「正しい」と認められた戦争は、抽象的な「国家」ではなく、市民生活の安全を確保するための戦争だけに、戦争に加わる義務が生まれることになる。世界ではじめての民主政治が、戦争の違法化に傾くのか、それとも正戦を戦う義務に傾くのか、そのバランスは際立って微妙だった。

この問題は、アメリカ国内であれば常備軍の是非をめぐる争いに、また国際関係と関わる場面では、孤立主義か国際主義かという争いとなって現れた。そして、ごくおおまかにまとめれば、そのバランスは、第二次世界大戦までは正戦よりは反戦の方に傾くことが多かった、といえそうである。その一因は、南北戦争と、第一次世界大戦という、二つの戦争にある。

南北戦争の記憶

南北戦争は、兵器技術、軍事行動の規模、死傷者の数、そのどれをみても、同時代の世界では最大の戦争であり、内戦という戦闘の性格もあって、根深い厭戦意識と反戦思想を残すことになった。それまでもキリスト教に基づいた反戦意識が強かっただけに、南北戦争の惨禍を経てから、クェーカーのような、絶対反戦を訴える宗派がアメリカ各地で支持者を拡大していた。政府の側からみても、内戦の後は、戦争の準備よりも和平と再建の方がはるかに重要であった。南北戦争には大量に動員された兵力も、戦争終了後にはほとんど動員解除され、常備軍としては残らなかった。南北戦争後のアメリカ社会では、戦争を正当化する議論は少ない。

その状況は、内戦後の再建期が終わり、北米におけるフロンティアが消滅することで転機を迎える。すでに経済大国となったアメリカでは、ヨーロッパの諸国に互して国際政治に参加すべきだという考えも生まれ、一八九〇年頃から、欧州諸国への大使も常駐するようになった。カリフォルニアまでを統一した合衆国の次の課題は、太平洋に向けた海洋国家だ、海軍国としての未来だ、という考えも生まれる。セオドア・ローズベルト大統領とその砲艦外交に端的にみられるような帝国意識の延長には、欧州の大国と選ぶところのない「普通の国」としてのアメリカがみえるだろう。

しかしアメリカは、「普通の国」にはならなかった。アメリカが世界帝国として台頭しようという一八九五年は、スティーヴン・クレーンの『勇者の赤い勲章』が出版された年でもある。南北戦争のなかでも最大の戦闘であったアンティータムの戦い(一八六二年)などに材をとったこの作品では、将軍たちの愚かな決定のために全滅する部隊や、引きちぎられた死体の間を行軍する傷病兵など、容易には忘れられない表現によって、戦争のむなしさが語られている。兵士の視点からこのようなことばが語られ、それがベストセラーとなる社会では、大国意識や帝国の栄光だけで戦争を美化することは難しい。

それだけに、第一次世界大戦も、戦争を終わらせるための戦争というかたちでしかアメリカは参戦できなかった。アメリカ経済にどれほど有利でも、アメリカの若者を戦地に追いやる以上、実利だけでは戦争を正当化できない。そしてウィルソン大統領も、国務長官のウィリアム・ブライアンも、欧州諸国の伝統的国際政治には極度に否定的であった。アメリカが参戦するなら、それは戦争を当然の手段として認めるような、旧世界の因習を終わらせるための戦争、ウィルソンのいう「戦争を終わらせるための戦争」でなければならなかった。

3――二つの世界大戦とアメリカ

第一次世界大戦の記憶

第一次世界大戦は戦争に対する嫌悪や、戦争目的に対する疑惑をさらに深めることになった。第一次大戦は、アメリカの国土や国民の生命、財産が脅かされたために始まったわけではない。それでも、ヨーロッパに戦争がない世界をつくるために参戦するのだ、そんな理想主義を信じて多くのアメリカの青年が戦場に赴いた。そのなかには後に作家となるアーネスト・ヘミングウェイやドス・パソスなどの姿があった。

戦争を終わらせるための戦争であったはずの第一次大戦は、無意味な死の累積に過ぎなかった。ヨーロッパ国際関係への新参者としての「青さ」もあって、アメリカの追求した終戦構想は実を結ばず、ロイド・ジョージやジョルジュ・クレマンソーなどの、老獪《ろうかい》な策略に翻弄される。また、ウィルソン大統領の狷介《けんかい》と孤高のため、彼の戦後構想の中核をなしていた国際連盟への加盟が、当のアメリカの議会によって否決される。

戦争のない世界どころか、多くのアメリカ人が戦争で命を落とし、還らない存在となったほかは何も変わらなかった。なぜ戦ったのかわからない戦争経験という苦い経験が、アメリカにおける第一次大戦の記憶として残されることになった。

ヨーロッパから帰ったヘミングウェイが最初に書いた短編集『われらの時代』(一九二五年)に収められた短編「兵士の故郷」(一九二五年)は、ヨーロッパ戦線から帰った青年を描いている。青年は、戦争で起こったことを故郷の人々に語ることはできず、むしろ周囲の期待にあわせてつくり話を話す。町の女の子たちと自分がもう同じ世界に住んでいるとは思えなくなり、彼女たちを眺めることしかできない。無力に日々を過ごす息子に向かって母親が詰問すると、青年は、僕は誰も愛していないんだ、と口走る。

戦場から帰った青年は、それまで自分の持っていた社会とのつながりを失ったのである。周りの家族も隣人も、戦場を知らず、戦争を経験していないために、まだ理念、理想、愛情を信じ、戦争についても理想主義のなかで考えようとしている。主人公は、戦争の実情を知っているために、そのような現実ばなれした理念を信じることはできない。理想主義の方がいわば正しい戦争と結びついており、現実主義の方が平和という観念につながっている。

このような、現実主義と平和観念の結合は、けっして当たり前の考え方ではない。国際政治において、より積極的な改革を考える社会集団は、ヨーロッパや日本では、社会民主主義勢力などになるだろう。その対極は、西ヨーロッパであれ、あるいは日本であれ、軍事力という現実を受け入れ、国際政治における現実の力関係を認める、政治的保守主義であり、現実主義であった。

ヨーロッパや日本では、国内政治における革新と国際政治における革新が結びついていた。そして、内政と外交の革新に反対するのが、保守主義とか現実主義とか呼ばれる立場だった。国内政治において改革を指向する自由主義や社会民主主義者は、国際関係への軍事的関与には消極的であり、国内政治については現状の維持を旨とする、比較的保守的な立場をとる勢力が、対外関係における軍事的関与には積極的な立場をとる。

この、国内における革新と国際関係における軍事力の制限、また、国内政治における保守と、国際関係における積極的対外政策の組み合わせが、アメリカの外に広くみられる政治的立場の分布だった。もっと簡単にいえば、進歩派が「ハト」であり、国際関係への関わりを強く主張する側は「タカ」とか「保守」になる。

アメリカで語られている図式は、これとは正反対だ。そこでは、国際関係に正義を実現するためには戦争も辞さない国際主義が、国内政治では改革を選ぶ理想主義的な立場であり、意味のない犠牲者ばかりが多い戦争を避けるのは、シニカルな現実主義に他ならなかった。

広げていえば、ここでは積極的な国際主義が軍事行動と結びつき、ニヒルな現実認識が対外行動に対する消極性と孤立主義につながっている。社会主義者たちが戦争違法化と福祉国家を呼びかけてきたヨーロッパや日本と異なり、アメリカでは、戦争の夢から覚めた者が索漠とした平和の認識を育てていったのである。

「三人の兵隊」がみたもの

ヘミングウェイのような、夢みる兵士が戦場の現実に出会うことで理想を失うという視点は、ドス・パソスの『三人の兵隊』(一九二一年)にも現れている。衛生隊に加わったヘミングウェイと同じように、第一次世界大戦では救急車の運転手としてイタリアに従軍したドス・パソスは、自分の経験を通して書いたこの長編小説において、理想主義に駆られて従軍したハーバード大学の学生ジョン・アンドルーズが二人の戦友とともに、思い描いていたのとまったく異なる本当の戦争をみる、という物語をつくり上げた。

この三人の兵隊が海を渡って出会うのは、たとえば、ヴェルダンの戦いを体験したフランス人である。そのフランス人は「塹壕《ざんごう》でひと冬暮らしたら、どんな軍隊だって革命を起こしたくなるよ」などと投げやりに言い放つ。志願した当初に思い描いたのとまったく異なる残酷な戦争に出会うことによって、主人公たちは、戦争に対する嫌悪と、さらに人間性そのものへの嫌悪を刻み、最後には予期せざる殺人行為にまで追い込まれてゆく。戦争との出会いが、自我を壊すのである。

ドス・パソスの小説に現れた平和のイメージも、理想の実現というよりは理想が破れた後の苦い現実認識である。正戦の夢が破れると、その苦い現実認識が本人の自我を深く傷つける。平和をもたらすために戦争に従軍し、戦友を失い、また多くの人を殺しながら、そのすべてに何の意味もなかったとすれば、自分にはいったいどんな意味が残るだろう。

従軍経験に意味を見出せなかったヘミングウェイが最初に描いた有名なキャラクターが、『陽はまた昇る』(一九二六年)の主人公、ジェイクである。戦争のために性的不能に陥ったジェイクは、周りのデカダントな男女関係に入ることができない。ジェイクは、戦争経験のために生の目的を見失った、第一次大戦後の「ロスト・ジェネレーション」を象徴するようなキャラクターであった。

戦争反対から正義の戦争へ

戦場で生きる意味を失った青年は、どうすれば人生に希望を取り戻せるだろうか。戦争の現実に目覚めたはずのヘミングウェイが、生きる意味を取り戻す機会を得たのも戦争だった。ヘミングウェイは『武器よさらば』（一九二九年）を書いた後にスペインの内戦に参加し、その経験から『誰《た》がために鐘は鳴る』（一九四〇年）を完成する。

ここでは、反戦から正戦へ、戦争反対から正しい戦争への大きな逆転が展開することになる。第一次世界大戦には、正義のための戦争を、ヘミングウェイは発見することはできなかった。しかし、市民戦争とも呼ばれたスペイン内戦においては、どのような意味においてもフランコ将軍の側には正当性はない。フランコの暴政に対抗する運動は、当然のように正しい戦争であった。

自由兵として参戦したロバート・ジョーダンの姿には、『武器よさらば』とは異なって、戦争に対する疑いは影をひそめている。戦争は人間の自我を壊す現実ではなく、戦闘に従軍する者のなかに人間の尊厳を生みだす、悲劇の空間として表現されている。正当性のない戦争によって自我を傷つけてしまったヘミングウェイは、正しい戦争を見出すことによって、自我を取り戻した。正しい戦争の発見が自我回復のきっかけを与えたのである。

小説ばかりではなく、映画の世界でも、反戦から正戦への変化をさらに顕著にみることができるだろう。一九三〇年の『西部戦線異状なし』は、明確な反戦映画である。この映画は、第一次大戦に無意味に従軍を強いられたドイツ人青年たちが意味もなく死んでゆく姿を描いている。その若者たちは狂信的な軍国主義者でも何でもない、普通の人生を送り、戦争さえなければ寿命を全うできたはずの人間として描かれている。『西部戦線異状なし』のメッセージは、ドイツへの告発ではなく、戦争そのものに対する告発であった。

『西部戦線異状なし』から一二年経って公開され、やはり大ヒットした映画『カサブランカ』（一九四二年）では、まったく違う世界が展開されている。そこに現れるドイツ人将校シュトレッサー少佐は、第二次大戦後のハリウッド映画でおなじみとなるような、傲慢で、硬直した、戯画的な「悪い」ドイツ人の始祖ともすべき存在である。もちろん、そのシュトレッサーの敵役として登場するレジスタンスの英雄ヴィクター・ラズロは無条件に「正しい」人であり、戦争は正義と邪悪の戦いとして、はっきり色分けして描かれている。

正義の戦争に加わることが、もちろん正しい。当初は曖昧な、ややシニカルな立場をとっていた主人公リックも、結局レジスタンスという立場に賛成し、あえて殺人まで犯して通行許可書を英雄に渡し、ヴィシー政権の迷妄から離れたフランス人警察署長とともに新たな友情に旅立つのである。

ここでの戦争は、ナチの暴力に対して立ち上がるべき正しい戦争として描かれ、ドイツ人は文化的なカリカチュアという存在になりさがっている。そしてヘミングウェイになぞらえていえば、主人公リックは、恋に破れ酒場の店主となっていた自滅的なデカダンスから、正しい生活に目覚めることによって、自我を回復する。それは、『陽はまた昇る』のジェイクから『誰がために鐘は鳴る』のロバート・ジョーダンへの旅路と、ほぼ重なるものだったと、私は思う。

ニューディールと「戦争と福祉の国家」

『西部戦線異状なし』の発表された一九三〇年から、『カサブランカ』の発表された一九四二年までの間に起こったことは、いうまでもなくナチの台頭である。しかしそればかりではなく、アメリカの政治体制においても巨大な転換が起こっていた。ひとくちにいえば、第一次世界大戦後は現状維持の政治に戻っていた共和党政権のもとの政治が、広く社会勢力を集めた新たな改革主義の体制に変わったのである。それがニューディールであり、それを支えたのが移民を基礎とするニューディール連合であった。

ニューディール期の国家は、新たな改革に向けて社会を大規模に動員する体制をつくり上げる。それは第一次大戦の過程でも萌芽のみられた、「戦争と福祉の国家」(warfare-welfare state)に他ならない。つまり、市民に対して、戦争からの安全と貧困からの福祉を提供し、それと引き替えに政治権力の巨大化を認めさせる体制である。

ニューディールのもとの体制刷新は、政治権力一般に対する期待と信用を高めた。国外のナチズムに対して立ち上がることは、ちょうど、国内における改革主義と表裏をなしていた。

いうまでもなく、ローズベルト政権はナチスドイツに対して、なかなか立ち上がろうとはしなかった。だからこそ、作家も、映画監督も、多くの知識人たちも、戦争に立ち上がること、正しい戦争に立ち上がることを、国内の社会改革に対する期待や要求とあわせて、政府に対して主張してゆく。国内政治における『怒りの葡萄《ぶどう》』（一九三九年）の表現が、同時に国際関係における『カサブランカ』、そしてレジスタンスへの賛同につながってゆくのである。

このように、内政と国際関係における改革主義が台頭することで、現実主義と結びついた消極的孤立主義は、正義の実現をめざして国際関係に関わっていく積極的な国際主義に変わっていった。孤立主義は、もはや賢明で現実的な外交政策ではなく、独裁者の力のもとにひれ伏する屈辱的な現状追随とみなされるようになった。ニューディール連合と国際主義は、戦争に対するニヒルな否定から、正しい戦争に対する積極的な肯定への転換を促したのである。

『西部戦線』と『カサブランカ』の違いばかりではない。マルクス兄弟のおそらく最高傑作である『我輩はカモである』（一九三三年）は、フリードニアの隣国に対する戦いを、愚かで意味のない戦争として描いている。ところが、その七年後の『チャップリンの独裁者』(一九四〇年)においては、ナチの暴虐に対して立ち上がることこそが正義であるという主張が展開されている。ヨーロッパの滑稽《こっけい》な愚かな戦争というイメージが、見過ごしてはならない不当な暴力というイメージに置き換わっている。

戦争への疑問が広がり、従軍兵士の自我が壊れるところから始まった第一次大戦の記憶は、ニューディールの成立と国外におけるナチス政権の成立によって大きく変わった。戦争への不信は戦争への使命感に変わり、新たな使命が新たな生きがいを生みだしたからである。

大戦後の戦争認識

それでは、第二次世界大戦は正しい戦争だったのだろうか。

アメリカにおける戦争の記憶と語り方をみる限り、米ソ軍拡競争、冷戦、力の現実といった観念には、どちらかといえば否定的な言論が多い。ソ連に対する反共十字軍の正当化は、どちらかといえば極端な、残酷な見方とされ、知識人ばかりではなく、映画のなかでも肯定的な表現は少ない。

しかし、冷戦が正しいという主張は受け入れられなくても、第二次大戦が正しかったという観念が破られることはなかった。第一次世界大戦に比べてもはるかに多くの国民を動員した戦争だけに、正しくないということになれば、犠牲者に対して正当化できない。死者の数一つをとっても、第二次大戦の正義を疑うことは許されなくなっていた。

文学作品では、ドス・パソスやヘミングウェイのような、苦い自省に満ちた著作が発表されていた。ノーマン・メイラーの『裸者と死者』(一九四八年)は、誰が勝者であるのかわからない戦争として太平洋戦争を描いた。後に映画化されるジェームズ・ジョーンズの『シン・レッド・ライン』(一九六二年)も、ガダルカナルの戦闘を正義とはほど遠い愚行として描いた。

しかし、このような戦争文学は、第一次大戦を描いたヘミングウェイやドス・パソスたちの作品のような地位を占めることはなかった。また、日米戦争よりもナチスに対する戦争の方が、第二次大戦の表現にあたって、より多く取り上げられた。大戦全体も、ナチとホロコーストに対する正義の戦争として語られる。ヨーロッパ戦線よりも多くの米軍兵士を動員し、多くの死者を出したにもかかわらず、太平洋戦争について語られることは案外少なかった。

キューブリックの描いた戦争

冷戦のさなかには、過去の戦争ばかりでなく、その時代の国際緊張が表現された。一般的に、核戦争を覚悟してソ連と対決する政策には否定的な世論が強かったといえるだろう。反共映画とも呼ぶべき映画で観衆に支持されたものはごく少なく、朝鮮戦争で洗脳された主人公をめぐる政治スリラー『影なき狙撃者』(一九六二年)ぐらいしか思い当たらない。西部劇では英雄としての名をほしいままにしたジョン・ウェインも、ベトナム戦争の特殊部隊を題材にとった『グリーン・ベレー』(一九六八年)では、現代のなかの戦争に『駅馬車』(一九三九年)の正義を持ち込んだ、滑稽な時代錯誤としか観客には受け取られなかった。

そのような現代戦争に対する見方をもっとも的確に表現してきた映画監督が、おそらくスタンリー・キューブリックである。キューブリックは、すでに初期の『突撃』(一九五七年)で、第一次世界大戦を厳しく告発していた。この映画で、フランス軍の将校を演じるカーク・ダグラスは、上官の無謀な作戦のために部下の多くを死地に追いやる結果を招いてしまう。ここでは、第一次大戦が正しいか間違っているか、どちらの側が正しいのか、という選択に意味はなく、むしろ正しい戦争とか、国民の栄光とかいった言辞への深い疑いが表現されている。『突撃』における戦争観は、一九五〇年代当時、冷戦が激しい時代における反戦認識を反映していた。

剣奴の反乱を描いた『スパルタカス』(一九六〇年)を経て、キューブリックが再び戦争に向かい合ったのが、一九六四年の『博士の異常な愛情』である。この映画では、キューブリックは米ソ軍拡競争を、極端なブラックユーモアによって描くことに専念する。ソ連に対する「正しい」対決を信用する人間は、タージンソン将軍のような愚か者か、リッパー将軍のような狂信者に過ぎない。この映画では、登場人物が合理的であればあるほど軍事行動への信奉からは遠ざかる、という設定になっている。

キューブリックの『博士の異常な愛情』は、冷戦を描いた映画として、カルト的な人気を獲得することになった。現代戦争や戦略に対する懐疑心を共有する観衆が、キューブリック(と脚本を担当したテリー・サザーン)の残酷なブラックユーモアを、熱狂的に支持したのである。

その後もキューブリックはこのような戦争認識を変えていない。近世初期のヨーロッパを舞台とするウィリアム・サッカレイ原作の『バリー・リンドン』(一九七五年)においても一八世紀における七年戦争を描き、一九八八年にはベトナム戦争に材をとった『フルメタル・ジャケット』を発表している。後者の『フルメタル・ジャケット』では、キューブリックは、いわば医師が病状を記録するように、感情移入を抑えた表現に終始している。バストショットよりも対象には近寄らず、クローズアップを極力避けた、いわば傍観者の視点を通して、当たり前の人間が殺人機械に改造される過程を表現している。キューブリックの描く戦場には、正義を求める余地が残されていない。究極の人間の自己疎外が戦争に他ならない。

『フルメタル・ジャケット』が公開されたのは、アメリカ社会がベトナム戦争の傷から立ち直り、ナショナリズムを取り戻そうとするレーガン政権の時代だった。キューブリックの『博士の異常な愛情』を歓迎したアメリカの観客は、『フルメタル・ジャケット』を徹底的に拒否することになる。キューブリックの映像には感情移入できるような英雄は現れず、その暗いペシミズムが観客を遠ざけてしまった。この時代にキューブリックに代わって観衆が受け入れてゆくのは、スティーブン・スピルバーグ監督の表現する戦争だった。

スピルバーグの転換点

スピルバーグと戦争の関係は、けっしてはっきりしたものではない。戦争の表現を早くから課題としたキューブリックと異なり、スティーブン・スピルバーグの戦争を捉える視点や構えは曖昧だった。スピルバーグの初期の戦争映画はどれも成功していない。『ジョーズ』(一九七五年)の成功を受けてその直後につくられた『一九四一』(一九七九年)は、戦争を舞台としたコメディではあるが、戦争を描くのか、戦争は喜劇の背景に過ぎないのかはっきりせず、感情の主導線の抜けた散漫な作品に終わってしまった。

この映画と並ぶ失敗作が、一九八七年に公開された『太陽の帝国』である。強制収容所に収容されたイギリス人少年の自己形成を描いたJ・G・バラード原作のこの作品では、日本の侵略と第二次世界大戦をどのように考え受け止めるのか、物語を支える主題とエモーションが、奇妙に抜け落ちている。感情移入を許しにくい造形であり、批評家の評価もスピルバーグの作品としては低かった。第二次大戦を描く目線の高さが定まっていない。

スピルバーグの戦争表現は、冷戦終結後に大きく変わった。一九九三年の『シンドラーのリスト』は、ユダヤ人に対する迫害に加わりながら、それに怒り、ついには立ち上がるドイツ人シンドラーを描いた映画であるが、ナチの残虐行為に対する目覚めという構成が、たいへんわかりやすい。誤った暴力による酷い犠牲への怒りとそのような犠牲を生む暴力に対する怒りが、映像表現により添うように明確に表明されている。

『シンドラーのリスト』によってはじめて、スピルバーグは、戦争を自分の主題として消化し、生かすことができた。その基調低音を引き継いだのが、『プライベート・ライアン』(一九九八年)である。ことに冒頭のノルマンディー上陸の場面では、白黒に近いほど抑えた彩度と、殺される兵士の目線に合わせた移動撮影によって、キューブリックに優に匹敵するほどのリアルな映像表現に成功している。

これは、普通の意味で戦争を美化する映画ではない。四兄弟丸ごと戦死するのでは行き過ぎだ、一人は助けろ、そんな政治的感傷に動かされた作戦のため、危険な前線に兵士たちが送られる。そのような反戦映画のような設定から、物語は始まっている。しかし、この作品の主導線は、作戦のために黙って戦い、黙って死んでいくトム・ハンクスの姿だろう。普通のアメリカ人高校教師の偉大な自己犠牲が、それでいえば第二次大戦で命を捧げた一人ひとりのアメリカ人の自己犠牲が、われわれの現在の生活を支えているのだ、その追憶と追悼がこの映画の基調低音だといえるだろう。冒頭と末尾の墓参りの場面が、戦時の自己犠牲と現在の観客を結びつける役割を果たしている。

描写そのものについていえば、キューブリックのような描写を含みながら、はじめと終わりの墓参りの場面によって、「戦争」は現在の戦争から「記憶された戦争」に変化し、「私たちのために死んだ、忘れてはならない人々」と結びつく。そんな戦争を否定するのは死者への冒瀆になりかねない。キューブリックは戦争を正当化のあり得ない集団的暴力として描き、戦争の正当化を認めなかった。スピルバーグはホロコーストの再発見と、それに伴う自己のユダヤ性の再認識を通して、正しい戦争を発見した。その正義の回復が、映画表現の芯になっている。

さて、スピルバーグとキューブリックという監督の作品を通して、第二次大戦後のアメリカの戦争認識を振り返ってきた。第二次大戦における戦争の正当化は、冷戦状況のために相対化された。しかし冷戦が終わると、国際政治に対するシニカルな認識は後退し、語られる戦争も第二次大戦にまで戻っていくことになる。そして、その第二次大戦は、正しい戦争として記憶され続けてきた戦争であった。

アメリカの戦争認識は、南北戦争や第一次世界大戦などに裏打ちされた戦争否定として始まり、戦争を政策の道具として考えるヨーロッパの国際関係とは明らかに違っていた。しかし戦争反対は、戦争賛成と表裏の関係にあり、正義のための戦争ならば戦うのは義務だという考え方も生まれる。第一次大戦後の失望が、ニューディール連合によって新しい改革主義に転じていくとともに、国際関係に正義の実現を求める考え方も、高まっていくことになった。

第二次大戦後は、冷戦のために戦争の正当化は後退したが、第二次大戦が正しいという考えはなくならなかった。冷戦が終わりホロコーストの記憶が呼び覚まされるなかで、戦争と正義を、また国際主義と理想主義を結びつける考え方が復活してきた。この、戦争と正義を結びつける観念がユーゴ空爆を支援する世論をつくった、といえば言い過ぎだろうか。

アメリカの反戦・反軍思想

ヨーロッパでは、戦争における正義は必ずしも問われなかった。ところがアメリカでは戦争に対する否定と肯定の振幅がみられる。このような違いはどこからくるのだろうか。戦争認識の問題に、もう一度帰ってみたい。

アメリカの政治が民主政治であり、政府が市民に責任を負う体制だったことには、大きな意味がある。戦争が市民生活に多大な犠牲を強いる出来事である以上、戦争の正当性が激しく争われるのは当然だった。戦争の正当性を揺るがす条件は、次の三つに整理することができるだろう。

第一が、防衛の対象である。戦争は、国民とか国家とか市民とか、広い領域や人々を守ることとして正当化されてきたが、それが本当かどうかは疑わしい。戦争はひとにぎりの人を守るものではないか、という疑いが生まれれば、戦争の正当性は否定されることとなる。これは金持ちの戦争であり、死ぬのは貧乏人ではないかという疑いが、南北戦争に対する反撥のきっかけになっていた。第一次世界大戦後の「死の商人」に対する批判は、多大な犠牲を強いた戦争が少数の企業のためのものではなかったのか、という疑いに根ざしていた。このように、防衛の対象、つまり、誰が守られるのか、誰のための平和かという点に疑いが芽生えれば、戦争の正当性は揺らぐことになるだろう。

第二に、防衛における目的と手段の関係が問題となる。相手の行動を統御するために、必要となる武力行使を客観的に測定できれば、戦争は合理的な手段になるかもしれない。しかし、どれほどの武力行使があれば、相手の決定をくつがえすことができるのか、事前にはわからない。また、実際の軍事行動が予測された範囲にとどまる保証はどこにもないのである。南北戦争も第一次大戦も、予測をはるかに超える期間の戦闘となったために、目的と手段が大きくかけはなれ、国民に対する説得力を失った。

防衛をめぐる最後の問題は、防衛の主体をめぐる問題である。なるほど、軍隊が平和を守るかもしれない、しかし軍隊はまた、戦争を起こし平和を壊す存在でもある。そして武器を持たない市民にとって、軍は、逆らうことのできない強大な権力に他ならない。民兵の伝統を持つアメリカにとって、常備軍とはデモクラシーに正面から挑戦する存在に他ならなかった。デモクラシーと戦争という結びつきからみれば、アメリカでは戦争と軍隊に対する否定的な見方が生まれた根拠がわかるだろう。

デモクラシーと戦争

ところが、その同じ根拠が、戦争の正当性を確保する意味を帯びることにもなるのである。

まず防衛の対象についてみれば、確かに一部の人々のみが守られるのであれば、戦争や防衛の正当性は疑われるだろう。しかし逆に、市民生活を守るためには軍隊は不可欠だ、という議論も成り立つ。アメリカ政治のレトリックとして多く用いられ、第一次世界大戦、第二次世界大戦におけるスローガンともなったのが、「世界をデモクラシーのために安全にすること」であった。ここでデモクラシーがアメリカだけのことを指しているのか、世界のさまざまな国を含めて考えているのかは明らかではない。しかし、市民生活の防衛という目的の前には、戦争に対する疑いも後退する。第二次大戦はまさに、ナチズムに対し、あるいは日本軍国主義に対して、デモクラシーを擁護し、市民生活を守る戦いであった。

守られるものについて了解があれば、戦争を疑うことは少ないし、そもそも疑うことは許されない。誰のための安全保障かという問いの裏には、われわれのための安全保障であれば必要不可欠だという論理が潜んでいるのである。また、防衛における目的と手段の関係も、その目的に対する合意が明確であれば必ずしも問題とはならない。市民生活の防衛、自分たちの日々の暮らしの防衛という目的に疑う余地がないとすれば、多大なコストを要するとしてもしかたない、ともいえるからである。

それどころか、その市民生活を守るために多大な犠牲が出ればなおさらのこと、戦争の目的を疑うことができなくなる。『プライベート・ライアン』は、戦時の自己犠牲がわれわれの生活を支えているという物語だった。死者に対する追悼が、尊い犠牲への疑いを退けるという、戦争の正当化を招いているのである。尊い犠牲のうえにわれわれが生きているなら、戦争への疑いが許されるはずもない。

戦争の否定から肯定へと社会通念が動いた後でもなお、アメリカで最後まで問題にされたのは、軍隊と民主政治は両立するのか、軍隊は民主政治を壊す存在ではないのか、という問題だった。冷戦期には軍隊が肥大したため、その軍隊が特殊な利益に奉仕するのではないかとか、市民生活の安全を脅かすのではないかといった考え方が広がってゆく。

しかしここには、武力によって平和を保つことへの否定があるわけではない。連邦政府の強大な権力に反対する人たちも、市民が自らの銃で自衛することは否定していない。軍の役割に対する否定が高まったときでも、武力による平和という概念が疑われるとは限らない。

ベトナム戦争と映画表現

戦争の正当性は、アメリカだけで問われたわけではない。誰のための戦争なのかとか、軍隊を信用できるのかとか、戦争における目的と手段の関係などは、第一次世界大戦後のヨーロッパでも厳しく争われ、第二次世界大戦後の日本でも議論された。ただしヨーロッパや日本では、自国が戦場にされた経験と、戦争に負けた経験が、戦争に対する不信や批判を高めるきっかけとなった。戦争に勝つ限り、その目的を疑うことは少ないし、犠牲を正当化することも容易だが、いったん負けて、また焼け野原になるような被害を受ければ、そんな美辞麗句への疑いも生まれるからである。

ところがアメリカは、ほとんど戦争で負けていない。戦場にもされず戦争に負けもしなかったことは、アメリカの戦争認識を考えるうえで、きわめて重要である。戦争に負けたことがないという単純な事実のために、戦争の目的、手段、主体に対する疑いが限られてしまい、正しい戦争という観念も、くつがえされることがなかった。

数少ない例外が、ベトナム戦争である。アメリカが実質的に敗北したこの戦争の後の映画をみれば、戦争への疑いが、ベトナム戦争に対する疑いばかりか戦争一般に対する疑いへ、ベトナム戦争を遂行した政府に対する疑いがアメリカ政府一般への疑いへと、しだいに広がる過程をみることができる。この戦争への懐疑と政府・国家への懐疑の広がりには、後ほど検討する日本の平和主義と、同工異曲と思えるほど似た特徴がみられる。

たとえば、『地獄の黙示録』(一九七九年)、『ディア・ハンター』(一九七八年)、あるいは『プラトーン』(一九八六年)などには、戦争の正当性への強い疑いを容易にみてとることができる。そこでは、積極的に戦争に参加する人間は、英雄どころか『地獄の黙示録』におけるロバート・デュバルやマーロン・ブランドの演じる役のように、暴力にとりつかれた狂信者や自己崩壊を起こした人間に過ぎない。不条理な状況に適応できない人間こそが正常なのであり、適応する兵士は自分が不条理な存在に変わってしまったのである。

ところが、ここには別の問題がある。第二次大戦後のアメリカ社会にとって、正しい戦争を行う国家であることは、あまりにも重要であった。逆にいえば、戦争に負け、アメリカへの疑いが生まれることは、社会全体の解体につながりかねない危険を持っていた。マーチン・スコセッシ監督の『タクシードライバー』(一九七六年)では、ベトナム戦争の帰還兵が、自己と他者の間とのやりとりのできない、極端に孤独な人間として描かれる。未成年娼婦のヒモを銃殺する「正義」によってはじめて自己確認をする主人公トラヴィスは、「正しい暴力」の実現にとりつかれた、歪んだ英雄だった。そして、そのトラヴィスが新聞で英雄視されるというグロテスクな結末は、「正しい暴力」による自己確認を、トラヴィスだけではなくアメリカ社会そのものが求めているのではないか、という問いを含んでいる。正しい戦争がなければ、アメリカ社会は内側に向かって解体し、暴発する。そんな荒《すさ》んだ認識をスコセッシは示していた。

その思い上がりも含めていえば、アメリカ人にとってのベトナム戦争とは、無垢なアメリカが、外の世界の暴力によって汚され、純潔を奪われる経験に他ならなかった。映画『デイア・ハンター』は、アメリカ人にとってベトナム戦争は何だったのか、というアメリカ人の視点に徹底して終始した、視野の狭い、しかしアメリカ人の目を通した戦争に限っていえば、確実にそれを捉えた作品である。クリストファー・ウォーケンの演じるニックは、ペンシルヴァニアの製鉄所に勤めるごく普通の労働者であったが、戦場の暴力を目にしたことで自我が壊れ、ロシアン・ルーレットに溺れて自殺する。戦争は、外国の兵隊と殺し合いをすることというよりも、外国に接することで純潔を失う体験なのである。

敗戦は、アメリカを汚し、その団結を壊す経験だった。それだけに、ベトナム戦争の傷が癒えることが、アメリカの再生には不可欠の条件になる。戦争への疑いを乗り越え、正しい戦争という意味づけを回復すれば、社会への信頼も国民という共同性も回復し、個人の生きがいも取り戻される。朝鮮戦争やベトナム戦争では戦争の正義が怪しまれたが、第二次大戦の正義を疑うアメリカ人は少ない。アメリカ社会にとって、正しい戦争とは自己愛の回復であり、癒しに他ならなかった。

その自己愛の回復が、スピルバーグにおける『プライベート・ライアン』であり、レーガン政権のアメリカであり、冷戦終結を自由世界の勝利として祝うアメリカであった。冷戦が終わっただけに、もはや大規模な戦争を想定する必要が少なくなっただけに、正しい戦争という神話を疑わせる事件も、もはや起こりそうにない。正義のための戦争という通念が定着し、原爆投下さえ正当化する背後には、戦勝に支えられた自己愛とナショナリズムがあった。

第四章——日本の反戦

第二次世界大戦前の日本では、戦争に反対する世論はごく少なかった。そんな意見を発表する場所も限られていた。戦後、反戦思想は国民規模に広がり、戦争に正義はないという考えが、世論の大半を占めるようになった。

憲法第九条への支持が揺らぎ、現実の一部として軍隊を認める声も、大きくはなった。だがその声も、現実をみろという呼びかけであって戦争の正当化ではない。武力行使によってこそ正義が実現されるのだ、そんな威勢のよい正戦論は、日本ではまだ少数意見だろう。

反戦世論を生み出したのは、第二次大戦の惨禍だった。戦災のため、戦争や、それを遂行する政府への不信が高まるのは、当然かもしれない。だが、敗戦が日本のような反戦世論を生むとは限らない。日本の反戦世論は、いつどのように、なぜ生まれ、どんな戦争に反対してきたのか。それがこの章の課題である。

1——反戦思想の起源

ユーゴ空爆への反対

第二次世界大戦で戦争を始める側となったドイツと日本は、ともに国外では侵略と虐殺を行い、国内でも住民の多くを犠牲者にした。しかし、戦後に生まれた戦争観には大きな開きがある。その違いをよく示すのが、ユーゴ空爆への反応だろう。

一九九八年、コソボのアルバニア系民族への迫害増大をきっかけとして、NATO軍により、ユーゴスラヴィア、ことにベオグラードなどの都市への爆撃が行われた。このユーゴ空爆に対し、ドイツでは、与党の社会民主党はもちろん、野党キリスト教民主同盟も、また日頃は軍事行動に厳しい緑の党なども、支持を表明した。

日本では逆の反応が生まれた。社民党や共産党のように、これまでも軍事行動に批判的であった政党はもちろんのこと、自民党右派に至るまで、空爆を支持するよりは、紛争への懸念を表明している。

総合雑誌でみれば、『文藝春秋』をはじめ、『諸君』や『正論』など保守色の強い雑誌から『世界』に至るまで、日本では空爆に否定的な意見ばかりが並んだ。ユルゲン・ハーバーマスのような代表的知識人も含めて、左右を横断して空爆支持が表明されたドイツと、対照的な反応だった。

日本とドイツは、戦争責任をとらなかった国ととった国という図式から比較されることが多い。しかし、ここでの問題は、過去の戦争への責任ではなく、現在の戦争への判断である。都市空爆は、一般市民が死傷する可能性も大きいだけに、軍事戦略として国際法で認めてよいのか、その正当性も争われてきた残虐な戦略である。それでは、その空爆を支持したドイツは好戦的で、日本は反戦的だといえるだろうか。

おそらくそうではない。ユーゴ空爆の過程のドイツで繰り返し唱えられたのは、ホロコーストの悲劇を繰り返してはいけない、という教訓だった。民族浄化を行うような無法の権力を放置してはいけない。そんなことを許せば歴史は逆戻りして、ホロコーストのような悲劇がもう一度起こってしまう、という主張である。それに対して日本では、ユーゴスラヴィアへの空爆は、第二次大戦における空襲経験になぞらえるように語られた。東京大空襲、阪神大空襲、さらには広島への原爆投下の光景が、ミサイル攻撃を受けるベオグラードの映像に重ね合わせて語られた。

ドイツにおけるユーゴ空爆支持と、日本における空爆反対を隔てているのは、第二次大戦の惨禍そのものではなく、戦災からどのような意味をくみ出すのかという点だった。それは違う、戦った戦争がドイツと日本では違った、記憶が違うのではなく戦争経験が違うのだ、という反論もあるだろう。しかし、第二次大戦では、日本軍による中国系住民の虐殺が南京でもシンガポールでも行われた。大戦中のドイツでも、ドレスデンなどの町は空襲で徹底的に破壊された。規模も主体も異なるとはいえ、虐殺も空襲も、日本とドイツの戦争経験に含まれている。

それではなぜ、日本では空襲と空爆が、またドイツでは民族迫害と虐殺の惨禍が、記憶のなかから率先して引き出されるのだろうか。それを考えるためには、戦争経験の違いだけではなく、その覚え方の違い、戦争から引き出された教訓の違いまでを、検討する必要があるだろう。

敗戦の受け止め方

日本の敗戦が「国民的規模」の「反戦意識」をつくったとは、とてもいえない。敗戦の持つ意味は、階級、職業、教育、集団、世代によって異なり、時代を経るにつれ、解釈も分かれたからである。

まず、敗戦を自由の回復と受け取った人々がある。戦前に共産主義運動に加わり、弾圧され、転向するか沈黙するかを強いられた知識人にとって、戦争の終結は、自分の声で自分の考えを語ることのできる季節の到来であった。自由な声を回復したその時代に生きる自分たちの高揚した気分を、荒正人は「第二の青春」と呼んだが、荒をはじめとする雑誌『近代文学』の同人などにとって、敗戦とは奪われた青春の声を取り戻すことだったのである。軍国主義のもとで言論を弾圧されてきた彼らにとって、終戦は解放であった。その延長上に、米軍を解放軍として歓迎した日本共産党のような反応がある。

米軍が日本軍国主義から日本人を解放してくれたという考え方は、ドイツやイタリアにおける終戦認識にも通じている。ドイツ人を痛めつけた「ナチ」やイタリア人を痛めつけた「ファシスト」からドイツ人やイタリア人を救い出したのが米軍だ、アメリカがドイツとイタリアを解放してくれた、これが一般的な終戦の捉え方となったからだ。

ところが日本では、米軍を解放軍と捉える見方は知識人の間でも長続きしなかった。「占領軍」の豊かさに圧倒され、勝てない相手に戦争を挑んだ愚かさは自覚しても、米軍はやはり自由回復の同志ではなく、占領軍であり、他者だった。ドイツやイタリアでは、米軍はデモクラシーを支える仲間として迎えられ、ナチやファシストが徹底的に他者に客体化されたとすれば、日本では、米軍が他者だった。そのために、米軍による占領を異民族による植民地統治のように捉える議論が、ドイツやイタリアよりもはるかに強い影響力を持つことになる。

知識人に限っても、敗戦を解放と受け取った人々は一部に限られる。戦時の日本に育ち、国家と社会の情緒的統合を信じ、皇国日本の将来を夢みた人たちにとって、終戦とはその夢が破れることであった。

その一例に、三島由紀夫がある。「弱法師《よろぼし》」(初出一九六〇年)では、戦災の炎を見てから、視力を失ったというよりも視力を拒絶した、俊徳という人物が現れる。

僕はたしかにこの世の終わりを見た。五つのとき、戦争の最後のとき、僕の目を炎で灼《や》いたその最後の炎までも見た。それ以来、いつも僕の目の前には、この世の終わりの焔《ほのお》が燃えさかっているんです。(『近代能楽集』新潮文庫版、二二二頁)

戦時の阿鼻叫喚が人間の「正直な声」だという俊徳と三島には、戦後日本のことばが、かたちだけのものに聞こえたのだろう。

自由な言論を喜ぶ人たちが、浮かれた存在に映る人もいた。日中戦争から第二次世界大戦に至る時期にも第一線で書き続けた太宰治にとって、戦後の自由とは、配給された自由を自分たちの自由と取り違えて喜ぶ、軽薄な風潮に過ぎなかった。加藤典洋は、その『敗戦後論』(一九九七年)において、日本の戦後とは戦争に負けたという事実から目を背ける過程ではなかったかと問いかけたが、解放を喜ぶ知識人たちに加藤が対置したのは、その喜びを忌避する太宰治の姿だった。

敗戦の認識にはこのような幅があった。解放と平和の喜び、未来を奪われた絶望、新たな自己瞞着《まんちゃく》への懐疑、そんなさまざまな受け止め方があるだけに、共通の敗戦経験などといった捉え方は注意深く避ける必要がある。そして、これだけでは、敗戦経験から反戦思想は生まれてこない。

大文字の政治からの解放

敗戦後の戦争認識には、しかし、いくつかの共通した特徴があった。

第一の特徴は、戦争が、国家とか国民の経験ではなく、個人の経験として語られるようになった、ということである。

戦争は、何よりも私的な、しかし個人では立ち向かうことの難しいほど不条理な経験である。日本の場合、戦争の不条理は国民国家を主体とした戦争の語り方から、個人の目線に下げた戦争の記述への変化を促した。皇国の政治宣伝と戦時動員のなかで、戦争は、大文字の国民や政治のことばでのみ語られ、語ることを許された。大戦後の文学作品のなかではそんな大文字の観念は後退し、それぞれの個人の、その個性と歪みを反映して戦争が描かれるようになる。

戦争を描いた初期の「戦後派」作品、梅崎春生『桜島』（一九四六年）、野間宏『崩壊感覚』（一九四八年）、大岡昇平『俘虜記《ふりょき》』（一九四八年）、この三つのどれをみても、語り手の設定した、一人称の視点が特徴になっている。三人の著者は、いずれも日本社会や国民意識に容易にはなじまない独得な自我を抱えている。梅崎であれば群衆から離れて身を置く屈折が、野間であれば左翼運動以来の日本の状況との軋轢《あつれき》の自覚が、そして大岡においては、西欧的教養に鍛えられた個人としての自覚と周囲の情緒的共同体とのズレが、それぞれ作家としての表現に芯を与えている。しかしどれもが、大文字の国民や戦争から、自分のことばを取り戻さなければ得られない表現だった。

戦争終結とは、国家や国民の栄光を語る、大文字の政治が敗れるということだった。美辞麗句で飾られてきた戦争ではなく、一人ひとりの人間にとっての戦争という現実が個人のことばで語られ、それまでにない感性と思惟を表現したこと、それが、戦後派文学の達成したことだったと私は思う。自分の経験を噛みしめ、そこから戦争へのことばを獲得する。そこでは、国家、国民、階級などといった観念は人目を欺く偽装であり、信ずるには足らない。

そのために、共同体に対する戦後派文学の視点は冷たい。「国民の経験」として戦争を賛美したりしないのはもちろん、それを裏返すような、「国民」の戦争責任を追及し、「国民」として自省するという視点も、ごく乏しい。そこには戦争について書いた文章はあっても政治的なメッセージや反戦文学などはない。大戦直後に広がったのは、反戦という国民思想ではなく、国民などという大文字の政治を忌避する個人の視点の再生だった。共同体、社会、国民、そんな集合体すべてに、根深い疑いと嫌悪が表現されている。

生き残った者

戦争記述における第二の特徴は、生き残ったことに対するためらいとでも呼ぶべき感情であり、それが戦争を語ることへのためらいにつながっている。

戦後の記述には、終わってまもない戦争について、語ることをためらい、避ける文章が少なくない。戦時は、暗くつらい時代として言及はされるが、それでは何がどう暗くてつらいのか、具体的な記述に乏しいのである。

そのためらいは、殺した中国人やフィリピン人などへの、悔悟や罪悪感に動かされているようにはみえない。しかし、隣人や戦友が死んだのに、自分が生き残ってしまったことは、罪の意識を伴った。川本三郎にしたがえば、林芙美子は、戦死者に対し、生き延びた者としての罪悪感に苛《さいな》まれた。

それは、戦争の責任というよりも、戦争に負けた責任につながる。戦争で死んだ者に対して、敗戦をどう伝えればよいのか。ジョン・ダワーは、その『敗北を受けとめること』(一九九九年)において、戦後の日本人には、戦勝者の説く倫理や法よりも、この問題の方が、ずっと大きな課題だったと述べている。勝ち続ける限りは問題にならなかった死者の意味が、敗戦によって変わってしまったのである。

知り合いは、家族は、仲間は死んだが、自分は生き残った。そのためらいは、しかし、戦争表現を抑える代わりに、戦争を語る動機を生むこともある。経験をことばにすることなく仲間や家族が死んでしまった、だから自分が伝えなければならない。戦勝や提灯行列によって覆い隠すことのできない、意味づけることの難しい死だからこそ、それを語る必要がある。

吉田満の『戦艦大和ノ最期』(一九五二年)と大岡昇平の『レイテ戦記』(一九七一年)は、いずれも戦後の代表的な戦記であるが、生き残ったものに課せられた、戦争を語る責任が両者に共通して流れている。この二つの作品は、戦争経験をことばに置き換えた、小説というよりもドキュメンタリーのような性格を持っている。戦争で起こったことを記録し、そこで戦死した者のそれぞれについて語ることに比重がかかっており、書き手の感情や思考の表現は抑制されている。自分が生き残ってしまっただけに、死んだ人の一人ひとりの姿を残しておきたい、残さなければ自分も死にきれない。この追悼の意志が、二つの作品の文章表現に極度の緊張を与えている。

昭和館に展示されたもの

戦争記述について考えるべきもう一つの点が、戦争責任の認識である。その戦争の責任は誰にあるのか。それは、戦争を始めた責任なのか、戦争に負けた責任なのか。日本の国民への責任なのか、海外の犠牲者への責任なのか。そもそも戦争について、責任という観念は発生するのか。いま戦争を語るときにもっとも注目されるのが、日本では戦争責任がどう自覚され、自覚されなかったのか、という点だろう。

大戦直後の戦争記述では、戦争責任は日本国民に強いられた苦難に対する軍部の責任として考えられているのが大きな特徴である。またそれだけに、軍部の対外侵略の責任はどう考えるのか、日本は被害者ではなく戦争の加害者ではないかという議論が、後に生まれることになった。

確かに、日本国民を被害者としてのみ考える視点は、日本国民も軍部もともに「総懺悔《ざんげ》」すべきだという議論と同じように、戦争責任をめぐる多様で微妙な問題を単純化してしまう。しかしここで考えてみたい問題は、反戦意識や平和意識と、この被害者意識との関係である。「被害者意識」の内容を、少し踏み込んで考えてみたい。

靖国神社から坂を下りた、九段会館の横に、細長い建物ができた。日本遺族会が中心となってつくった博物館、昭和館である。

昭和館は、遺族会が中心となってつくったこともあり、戦争を美化する展示が行われるのではないかという懸念が当初から持たれていた。その建設には強い反対運動が展開され、博物館をつくる過程では、細谷千博・一橋大学名誉教授が設立委員会から辞任する事件も起きている。この経緯だけをみれば、いうところの「東京裁判史観」に彩られた戦争展示ではなく、第二次世界大戦における日本の正当性をうたうような立場が表明されているのではないか、そんな予測をする観客がいても不思議ではないだろう。

しかし、実際の昭和館の展示をみる限り、第二次大戦、太平洋戦争、大東亜戦争、どのことばを使うにせよ、その戦争を肯定するような展示は必ずしも行われていない。戦地の兵士や軍事戦略も、それでいえば戦争行為に直接関わる展示はすべて、慎重に避けられている。

代わりにそこにあるのは、戦時期における暮らしの紹介である。戦時の日本における人々の生活が、ディテールに至るまで、丁寧に、淡々と語られている。そこには軍人がほとんど現れない。そもそも、戦場に行った人も行かなかった人も含め、男性がほとんど登場しない。そこで語られているのは、女性と子供たちが戦時中はどう暮らしたのか、という物語である。

それぞれの立場に応じて、戦争のなかで語りたいものは異なるだろう。日本軍の犠牲になった側からは、中国人やフィリピン人などへの残虐行為が語るべきものに選ばれるかもしれない。戦争を正当化する人は、日本軍人は野蛮な殺人者ではなかった、という証拠を集めようとするだろう。ところがここでは、そのどちらも、つまり戦争について解釈が分かれそうな点はすべて、展示から外されている。戦時を語りながら、戦争が語られていない。

これはもちろん、設立過程での対立を反映して、意見の割れるような問題は避けたということだろう。また日本遺族会が遺族の会である以上、銃後の暮らしに展示の焦点を当てるのも、当然かもしれない。

それでも、戦争の見直しを求める側にとっても、また加害者としての責任を自覚すべきだと考える側からしても、異様に肩すかしを食らうような展示である。戦争から戦場が消され、銃後の暮らしだけが残り、戦争の表現が脱色されているからだ。

兵士の戦争経験・銃後の戦争経験

なぜだろう。昭和館は、設立過程で争いがあったために、戦争について、政治的立場を横断して語ることができるものだけを展示した博物館である。その博物館で語られたのが、戦闘には加わっていない、女性や子供たちを主とした銃後の人々、非戦闘員の戦争経験だった。それは、「日本国民」を横断して共有され、共有された戦争経験が、その銃後の人々の苦難に象徴されていることを示してはいないだろうか。

戦争の経験は人によって異なる。ことに、戦場で兵士が経験した暴力と、大都市居住者の多くが空襲というかたちで経験した戦争が違うことは明らかだろう。昭和館が展示に選んだのは、後者だった。

マンガの世界でも、空襲の示す終末と、自ら手を下す殺し合いとのコントラストをみることができる。たとえば夏目房之介は、その『マンガと「戦争」』(一九九七年)のなかで、手塚治虫と水木しげるの戦争表現を巧みに対照させている。手塚治虫の表現する戦争とは、何よりも一般市民の上に、空から爆弾が投下される恐怖であり、その表現の背景には、手塚本人の空襲経験がある。他方、水木しげるは、従軍して片手を失った経験をもとに、戦場の兵士たちを表現している。これは手塚の知らない世界だった。

出征した兵士は国民の一部であり、前線に派遣されるのはさらにその一部に過ぎない。戦場における戦争よりも、はるかに多くの人々が経験した戦時の暮らしと空襲が、戦争の記憶として国民に共有されたのである。昭和館における戦時の暮らしの展示は、まさにその、非戦闘員からみた戦争の記憶に他ならない。

この非戦闘員という視点が、被害者意識と平和意識の、おそらく結び目にある。戦闘に加わっていない者には戦争責任を問うことが難しく、自覚されることも少ないからだ。

兵士は、いかに赤紙で召集され、意志に反して戦場に送られたとしても、殺される側からみれば、一人ひとりが殺人者に過ぎない。上官に抵抗して戦争を止めるべきではなかったか、上官の命令に逆らってでも、非戦闘員である中国人を殺してはいけなかったのではないか。そんな責任追及は、どれほど無理で苛酷な要求であろうとも、兵士である限り、避けることは難しいだろう。

ところが、戦闘に従事しない一般市民について、そのような戦争責任が問われることは少ない。上官の命令に従っただけだとしても、戦場で実際に武器をとった兵士は、その行動の当否を問われるが、強権支配のもとに置かれた一般市民が軍国主義に積極的に反対しなかった責任は、やはり軽いことになるだろう。

非戦闘員の経験として戦争の記憶が語られる限り、戦争の責任についての自省や開き直りは、あまり必要にはならない。非戦闘員は、何よりも戦争の被害者なのであり、その非戦闘員に被害を与えるものが戦争なのである。「われわれは戦争の被害者だ」という自己認識は、「われわれは戦闘に加わらない一般市民として、空襲などの被害にあった」という経験に支えられている。

その端的な一例が、沖縄戦における「ひめゆり部隊」の悲劇的な努力と死を描いた映画のうちの最初のもの、今井正監督・水木洋子脚本の『ひめゆりの塔』(一九五三年)だろう。その後につくられた『ひめゆりの塔』映画と同様に、この作品も戦争の被害者として、女子生徒や教師たちに注目している。戦争の悲惨を訴えたこの作品では、従軍する兵士は、もっぱら傷病兵として画面に現れる。米軍の意味も曖昧であり、解放軍でもなければ悪魔でもない。最初は飛行機、最後は洞窟の前の拡声器と銃口として、追い詰められた生徒や教師にしだいに忍び寄る兵器のような目に見えない影としてアメリカは表現されている。

またこの点に関連して、戦争のなかで沖縄が占めた地位、さらに日本本土と沖縄との歴史的な関係に関する表現が、最初の『ひめゆりの塔』では背景に退いている(後のもの、たとえば神山征二郎監督の『ひめゆりの塔』(一九九五年)では、沖縄色がずっと強い)。「沖縄戦」の悲劇は、「本土の軍人」が、沖縄を本土防衛の「捨て石」にし、沖縄を守るよりは住民に不条理な死を強要したこと、つまり本土の軍隊は沖縄の人々を守るどころか沖縄を利用し、集団自決さえ求めたことが、その本質にある。そのような沖縄の視点は、次の「玉井先生」のせりふに、わずかとはいえ、鋭く表現されている。本土出身の傷病兵にスパイのように扱われたことを、怒るくだりである。

スパイは、みんな沖縄人だって言ってますね。自分らの島なんだから、自分らで守れ!

俺たちは、おまえらの沖縄を守りにきてやっているんだ……。こりゃ、ちっと意外だったな、そういう……（『ひめゆりの塔・おかあさん・またあう日まで』三〇頁）

「一致協力」で「民族偏見なんかもうなくなってる」と信じようとしながら、「隷属の歴史」が影を残す。しかし、沖縄の表現はこの範囲にとどめられ、映画の終幕には集団自決が描かれているものの、生徒たちの自爆と沖縄差別がどのように関わるのか、ぎりぎりのところで表現は抑えられている。兵士と住民との関係や、本土と沖縄との関係など、「沖縄の受難」は、この作品では背景に退いているのである。そして、その表現の抑制が、犠牲者となった日本国民すべての象徴として、本土の人も沖縄の人も、自分のことのように「ひめゆり部隊」の悲劇を悲しむことを可能にしている。非戦闘員・被害者・国民・平和という、四つの要素が、ここで結合している。

被害者としての国民

被害者意識は、国民としての戦争の記憶をつくり、共同性と記憶という二つの条件を満たすために、欠かせない条件だった。「みんな苦労した」からこそ、「みんなの記憶」もできた道理である。さらにいえば、ここでいう「みんな」や「国民」は、国家対社会という関係における社会の側であり、国家と社会の情緒的結合は想定していない。自分たちをこのように苦しい目にあわせた戦争責任者は、被害者どころか加害者であり、「みんな」に加わる資格はない。「国民」は、国家と社会をつなぐ観念ではなく、国家に対する社会の共同性を担保する観念に他ならない。

そして、戦争責任を「一部の軍部」に追いやり、彼らを「国民」から外してしまうことで、「国民」は責任から免除される。政治責任を持つものは、戦争について責任を負わなければならないが、自分たちは被害者である以上、責任は負わない、という図式が生まれる。大戦が、ナショナリズムを媒介とした国家と国民の情緒的結合に支えられたとすれば、敗戦は、「国家の犠牲となった国民」という共通認識をつくりだし、それによって戦前にはみられた国家と国民の結合を壊した。このように、国家と国民が分かれ、国家対国民という図式が生まれるのと並行して、政治責任は国家の負うべきものであり、国民は被害者なのだという了解もつくられていった。

ここで付け加えておく必要のある点が、戦争の正当化の問題である。やや意外に思われるかもしれないが、戦前の日本で戦争を正当化するような議論がいつも行われていた、とはいえない。正しい、正しくないという判断に関わりなく、戦争は行われていた。しかも、繰り返し勝利を収め、国民生活に対しても極端に負担をかけるような長期戦はなかったため、戦争をあえて正当化しなければいけないような大衆動員もそれほど行われなかった。
そのよい例が第一次世界大戦である。総力戦のもたらす膨大な犠牲をヨーロッパ世界に思い知らしめ、ヨーロッパの反戦思想を生むきっかけにもなった第一次大戦は、日本ではほとんど思想的痕跡を残していない。その一因は、ヨーロッパやアメリカと異なり、この大戦が日本の社会経済にそれほど負担を与えなかったことに求められる。第二次世界大戦まで、戦争でそれほど「痛い目」にあわなかった日本では、戦争の正当化や動員も、まだ深刻な問題ではなかった。

一九三七年以後、日中戦争が長期化するとともに、多くの犠牲者が生まれ、戦時経済や国民生活の軍隊的組織化なども伴った。それまでにない犠牲を国民に強いるだけに、それを正当化するイデオロギーも必要になる。それまでに日本が加わった戦争と比べても例外的な戦時動員体制が、日中戦争以後のナショナリズムの亢進と、正戦としての戦争正当化を招いたのである。

動員体制は敗戦に終わった。兵士の経験よりも銃後の経験が語られ、その兵士と非戦闘員を結びつける「国民」意識は背後に退いてゆく。動員された国民の方は、「無謀な戦争」に動員した軍部と政府を批判しつつ、その犠牲者となった国民という自己認識を保つ。「国民」の内容は、国家・兵士・非戦闘員の結合から、「動員された国民」に大きく重心を移し、それによって平和主義と結びつく。非戦闘員で戦争の被害者でもある国民が平和を願うという構図の、もっとも端的なあらわれが、広島の被爆と、その記憶だった。

2——広島における正戦と反戦

原爆投下の認識

日本の戦争経験について語るとき、常にその中心を占めるのが、広島への原爆投下である。日本の戦争責任を厳しく追及する者も、戦争を肯定的に読み替えようとする人々も、広島の被爆については、忘れてはならない暴力として、ほぼ判断が一致している。

それでは、なぜ、どのように、広島の被爆が語られるようになったのだろう。広島の語り方について考えてみたい。

まず、なぜ復讐を求めなかったのか。米軍の原爆投下が多くの人命を奪ったとすれば、そのアメリカに復讐を叫ぶ声が生まれても不思議ではない。

実際、当初は復讐が起こった。原爆投下の直前に不時着した爆撃機ローンサム・レディ号の乗組員は、広島城地下に捕らわれた。原爆投下によって広島城は崩壊し、焼け跡から捕虜たちが被爆した広島市に迷い出ると、広島市民は、どこからみてもアメリカ人とわかる彼らをつかまえ、殺した。

しかし、復讐はその後、姿を消す。平和運動の多くは、アメリカの核戦略は厳しく批判するものの、アメリカへの軍事的報復は呼びかけていない。広島の仕返しに再軍備をすべきだという声は、右翼にもなかった。大戦後の右翼は、何よりもアメリカとともに共産主義の脅威に立ち向かう親米右翼だった。日米安保条約のもとでの軍備は認めるものの、アメリカへの復讐は考えていない。広島経験を訴えたのは、復讐ではなく平和を求め、戦争の防止を訴える、当初は左翼勢力を中心とした、しかし左翼にはとどまらない市民運動であった。

それでは、原爆投下の責任はどう考えられていたのだろう。原爆投下はアメリカ政府の責任であり原爆投下は国際法違反ではないか、という訴えはあった。しかし、平和運動による原爆投下責任の糾弾は少なく、核兵器の破壊力や戦争の非人道性に焦点があてられている。戦争の主体に関わる議論、戦争は誰が起こしたのかという議論が、平和運動のなかでは奇妙に抜けている。

主体の閑却は、日本の責任の閑却にもつながる。原爆の投下はアメリカ政府の行為としても、そのもとの責任は日本にある、という言い方もできる。戦争を開始したのは日本であり、中国を侵略しなければ、あるいは真珠湾を攻撃しなければ、広島・長崎への原爆投下もなかったといえるからだ。

しかし、被爆体験を語る人たちが、原爆は愚かな戦争を始めた報いだと語ることも、まれだった。核兵器の廃絶と、戦争の廃絶が呼びかけられ、投下したアメリカの責任も、また日本の戦争責任も、戦争という「絶対悪」のなかに吸収されてしまう。

「主体」を除いた「戦争」が糾弾された一因は、広島・長崎の被爆経験が、これから核戦争が起こる脅威と結びつけて語られたことにある。原爆投下を大量殺人として糾弾することよりも、核戦争の到来を恐れ、核兵器の廃絶を訴える声の方が大きかった。将来の戦争の防止の方が、過去の戦争責任よりも重要だった。

海外からみれば、アジアにおける戦争では日本が侵略国なのであり、その侵略国における平和の呼びかけは、ことば通りには受け取られなかった。海外からの観察者たちは、この広島から発信される平和のメッセージに、さめた反応をすることもあった。

極端な場合、偽善やウソが指弾される。広島・長崎の被爆は、戦争に対する被害者意識の象徴として用いられ、その戦争の侵略者が日本であることを忘れるために喧伝《けんでん》されているのではないか、加害者であることを忘れるために被害経験を語っているのではないか、というのである。たとえば、イアン・ブルマは、こんな言い方をしている。

大多数の日本人にとってヒロシマは太平洋戦争の究極のシンボルである。日本人の全苦悩が「ヒロシマ」という神聖言語に凝縮されている。とはいえこの言葉は国家の殉難以上の意味を持つ。ヒロシマはしばしばアウシュビッツとならぶ絶対悪のシンボルなのだ。（『戦争の記憶』一九九四年、一一六頁）

ブルマ本人は「ヒロシマ」にシンボルとしての意味を認めていない。彼は広島について描かれた絵画を振り返り、一九四五年八月六日を超えたもっと広い世界観がそこには欠けている、広島は世界から完全に孤立して描かれている、と指摘する。ブルマにとって、第二次世界大戦とはドイツと日本による侵略戦争であり、広島の被爆は、それがいかに悲惨な経験であるとしても、戦争責任を忘れる道具として使われてはならないからだ。

私は、ブルマの視点には同意しない。ブルマは、反戦思想のもろさには目が向いていても、正戦論の危うさにはナイーヴだからである。しかし、その前に答えるべき問題がある。広島がいつ、どのように、「日本人として語り伝えなければならない悲惨な経験」になったのか、という問題である。

広島はどう語られたのか

広島が、常に戦争体験の中核にあったとはいえない。占領軍による検閲のためもあり、広島が広く語られるようになるまでは、原爆被害の規模は国内世論には知られていなかった。一九五〇年代前半に語られたのは、むしろ東京大空襲や阪神大空襲のような空襲経験の方であった。

将来の戦争の脅威としても、核戦争の恐怖が中核にあったとは、必ずしもいえない。朝鮮戦争勃発後の五〇年代前半に憂慮されたのは、新たな戦争が始まる脅威と日本軍国主義復活の脅威であったが、それがどのような戦争となるのかは、はっきりしてはいなかった。

原子兵器の禁止を求める運動としては、一九五〇年三月のストックホルム・アピールと、それに賛同する署名を求める運動がある。だがこの署名運動も、それを生みだした世界平和評議会も、社会主義諸国の側に立つ姿勢が明確であり、それだけに説得力も運動の広がりも限られていた。

それを大きく変えたのが、一九五四年三月に行われた、ビキニ島でのアメリカの水爆実験と、それに伴う第五福竜丸の被爆である。前年の五三年には、朝鮮戦争が休戦にこぎ着ける一方でソ連が水爆保有を公表し、五四年一月には、アメリカのジョン・ダレス国務長官が大量報復戦略を発表していた。冷戦における軍事戦略の重心は、地域紛争における武力行使から核兵器による相互の威嚇へと移り、次の時代の戦争は核戦争だ、核戦争で地球人類が滅亡するのだ、という終末論が拡大した。

第五福竜丸事件は、放射能を浴びたマグロが引き起こした騒ぎをはじめとして、日本国内にパニックのような反響を呼び起こし、東京世田谷の主婦による署名運動に端を発して、反核市民運動が急速に広がっていった。原爆投下の日に開かれる記念式典は、広島市長の出席とあわせて恒例化し、国の援助も受けて平和記念資料館が開館した。一九五五年八月には、第一回原水爆禁止世界大会が広島で開かれた。

水爆実験の後の核意識と終末意識の広がりは、政治活動家に限ったものではなかった。ビキニ水爆実験と同じ五四年に公開されて当たりをとった映画『ゴジラ』の主人公、ゴジラを生み出したのは、水爆実験だった。ゴジラの脅威を前にした東京の市民は、また疎開か、いやだなぁ、とつぶやく。国会の委員会では、水爆実験がゴジラを呼び起こしたという事実を公開すれば国際問題になると議員が発言し、野党議員からヤジを浴びせかけられる。本来ならコミカルなほど荒唐《こうとう》無稽《むけい》な怪獣が、ごく日常的な光景と結びつき、ゴジラによる東京の破壊は、かつて見たもののような現実性をもって受けとめられる。破壊と日常の接点が、冷戦下における世界戦争の脅威によって呼び覚まされた、大戦における空襲と被爆の記憶だった。

怪獣映画の元祖を戦争の記憶に重ねるのはおおげさに響くかもしれない。しかし、東京大空襲から一〇年後の東京をまた火の海にしてしまった、この「ジュラ紀の恐竜」を、戦争の記憶と切り離して考える方が無理だろう。ゴジラに壊された東京は、空襲後の東京や被爆後の広島の映像に酷似し、画面右肩には原爆ドームに似た建物さえ写っている。東京湾を拠点とするゴジラの波状攻撃は、空襲の再来に他ならない。ゴジラを倒すことになる最終兵器「オキシデン・デストロイヤー」も、原水爆に対比すべきものとして、開発した芹沢博士に語らせている。

『ゴジラ』における終末イメージは、まさに第二次世界大戦と広島被爆の記憶が、米ソ冷戦のもとの世界戦争の脅威と結びつくことによって生まれた、時代精神の表現に他ならなかった。そしてそれは、手塚治虫、藤子不二雄、あるいは大友克洋らのマンガにおける終末表現と並んで、大衆文化における終末イメージという、戦後日本文化の基調低音をつくることになる。

国民的経験としての広島

広島は、日本の戦争経験のなかでも、国民的経験として広く語られる数少ない事例である。それは次の三つの要素に支えられていた。

第一には、被害者意識である。先にも述べたように、日本の戦争経験の中核として認識されたのは、何よりも非戦闘員の大量の死であり、原爆投下はその極北にあった。無辜《むこ》の民が被害者となるという経験が、国民を横に結びつけ、国民経験として戦争を語ることを可能にしたのである。

第二に、この経験は将来の戦争と直接に結びつけて考えられていた。広島をシンボルとした平和運動は、日本ばかりでなく海外でも、アメリカの核実験や核軍拡競争など、米ソ核戦争の懸念が高まるたびに高揚するという特徴を持っている。そこでは、過去の広島を悼むことと並び、あるいはそれ以上に、広島・長崎の再来を防ぐことが大きな目標として掲げられていた。広島・長崎は将来の戦争の原型になる可能性があるからこそ、カッサンドラのような、不吉な未来を告げる声として過去の回想が受け入れられたのである。

第三に、対米関係がある。アメリカとどのような関係を結ぶのかは、平和論において常に微妙な問題であった。戦争はもうたくさんだという観念が強い限り、憲法第九条には国民の支持が期待できる。しかし、アメリカとおかしくなったら商売に差し支えると考えるのも、日本に暮らす人間の当たり前の生活感覚だった。日米安保に逆らったり、アメリカの政策に反抗するのは、リスクの大きな選択と考えられていた。

平和主義を選ぶのか、日米友好を選ぶのか、この微妙な一線を画すのが、核戦争の再来は防ぐという点であった。日米安保の支持者の間でも、核戦争は起こってはならないという信念に共鳴する者は多かった。左翼からみれば、アメリカに対するナショナリズムと平和主義が、広島経験によって結びつけられていた。

もっとも、アメリカの戦略への批判を含んでいたため、広島経験が国民運動に展開するまでには時間がかかった。そして、社会党と共産党の対立を反映して、原水禁と原水協が共同して世界大会を行うことが難しくなった一九七〇年代より後になると、むしろ広島経験はそれまでの政治的な意味を失い、より国民的経験として共有されることになった。

そのあらわれが、一九八二年前後における反核運動の拡大だろう。レーガン政権の発足と、その後の戦域核ミサイル配備をめぐる米ソ関係の緊張に端を発して、八一年から八二年にかけ、ヨーロッパばかりでなく、日本でも反核運動が高揚した。

この反核運動は、それまでの運動と明らかに違っていた。そこでは、アメリカの戦略や日本の政策への抵抗は除かれ、核兵器を許すなというスローガンだけに焦点が集まったからである。そしてまさに、核兵器を許さないという、単純で抗いがたいシンボルが生まれたからこそ、この運動は、それまでの集会よりも、はるかに多くの群衆を集めたのである。

加害者という視点

政治性の後退によって国民的支持を獲得する背後で、広島・長崎の被爆の持つ歴史的な意味を相対化する変化も生まれていた。広島経験を支えたのは、何よりも、被害者としての日本人という共通した観念であったが、日本人は戦争の被害者だったのか、加害者だったのではないか、という疑いや訴えかけが、一九七〇年代のはじめから広がっていったからである。

七一年に、本多勝一記者が「中国の旅」を「朝日新聞」に連載したことは、被害者として日本をみる史観から加害者という視点への、大きな転換点となった。本多は、この一連の記事のなかで、中国における日本軍の蛮行をつぶさに跡づけ、連載当時から大変な反響を呼ぶことになった。ただちに強い反撥も生まれ、鈴木明の『「南京大虐殺」のまぼろし』(一九七三年)をはじめとして、日本が加害者だという議論は神話に過ぎない、捏造された日本加害者神話だという議論が生まれた。

加害者という視点が生まれることで、「国民として主張する平和主義」の基礎は、大きく揺らぐことになった。被害者としての自覚に支えられた時代には、国民統合と反戦意識の間に矛盾はなく、国民による平和の誓いが、ナショナリズムと平和を結びつけていた。加害者という面に光が当たると、この団結は転換する。加害者としての責任を自覚すべきだという主張と、加害などないという主張に分裂が起こるからである。戦後はじめて正面から問われ始めた戦争責任論は、それに対抗するものとして「東京裁判史観」や「自虐史観」を許してはならないと主張する、戦争責任を否定する議論も生み出した。

七〇年代以後、広島から政治的性格が薄れることによって、広島経験は国民化した。ところが同時に、戦時の日本は被害者だったのかという疑いが生まれ、加害者としての責任に目が向けられると、平和論の基礎にあった国民意識に分裂が生まれた。

広島・長崎を基礎とする平和論は、しかし、冷戦終結によって日本国内でも衰えてゆく。米ソ冷戦がソ連の解体というかたちで終了したため、日本を含む先進工業国を戦場とするような核戦争の可能性は、それまでと比べて大きく後退し、あるいは後退したと考えられるようになっていく。広島・長崎の記憶は、世界核戦争の恐怖によって支えられていただけに、世界核戦争の脅威が遠のくと、広島の持つ象徴的な意味も変わってしまう。広島・長崎の被爆が過去と現在を結ぶ意味、原爆投下がまた起こるのではないかという恐怖も後退したからである。

戦争の語り方のなかで、被爆体験の意味は、大きく後退した。現在の戦争記述では、広島よりも、沖縄戦について語られることが多くなった。原爆投下の可能性よりも、沖縄の米軍基地に、過去と現在を結びつけるものが見出されるようになったのだろう。ナショナルな戦争の記憶を支えた広島が、ナショナルな記憶からしだいに脱落しようとしている。

3——広島をなぜ語るのか

反核運動は「左」か

広島を中心とした平和思想は、過去も、また現在もさまざまな批判の対象となってきた。それらの批判は、いいがかりとしか思えないような偏見の表明から、それなりに説得力を持つものまで、さまざまである。広島と反核平和主義に対する批判を二つに整理して検討してみよう。

第一の批判は、反核運動とか広島経験の主張は、実質的にはソ連に肩入れしている、という議論である。この議論は、反核運動が何よりもアメリカの核戦略を対象とし、ソ連の軍事戦略や核保有に対しては沈黙しがちだ、という事情に根ざしていた。

反核運動の主体は、確かに社会党・共産党、さらに総評などの労働組合であり、平和運動のなかで左翼の影響力が強かったことは事実だろう。また、ラッセル・アインシュタイン宣言（一九五五年）の時代から、反核運動の批判の対象は、アメリカの核武装に向けられることが多かった。ストックホルム宣言と、世界平和評議会は、ソ連の対外政策の多くを支持し、ハンガリー動乱でもソ連の介入の擁護を試みた。日本の左翼運動でも、ソ連は平和勢力だとか、中国の核武装は防衛的だという主張がみられた。日本の反核運動が政治的に中立だったとはいえない。

しかし、戦後日本では、平和主義に賛成する人の方が、ソ連型社会主義に賛成する人よりも、ずっと多かった。日本の社会主義運動をみても、社会主義に対する支持は知識人に限られ、平和という政治色の薄いシンボルの方が、支持者のなかで大きな意味を持っていた。アメリカであれソ連であれ、核保有国は核兵器を廃棄すべきだ、広島・長崎の悲劇を繰り返してはならない。この主張こそが反核運動の中心であり、その前には、ソ連や中国の核武装を正当化するような主張は退くほかなかった。

日米安保に反対する運動や米軍基地への反対などと、一緒に戦われることが多かっただけに、反核運動もアメリカの軍事戦略と正面から向かい合っていた。しかしこれも、一九七〇年代の末から変わり始め、八二年に反核運動が拡大していくなかでは、日米安保や軍事基地などの争点は後退した。政治色の強い主張を行えば、運動が分裂する可能性が高かったからである。吉本隆明は、『「反核」異論』（一九八二年）のなかで、反核運動はソ連の立場に片寄ったスターリニズムの主張だと述べたが、この批判はたぶん当たっていない。スターリニズムなどということばを聞いたこともない人たちが核廃絶を求めて行動したのが、反核運動だったからである。

平和運動と現実主義

第二の批判として、反核運動の主張は現実の国際関係の力学からかけ離れているという議論がある。国際政治の力の現実とは、核兵器によってお互いに脅かしあう、抑止戦略が支える平和であり、抑止という現実から目をそらして反核を唱えるのは、平和に対して無責任な発想だ、そんな議論である。

このような「力の現実」の主張、国際政治でいう「現実主義」に対して展開されてきた反論も、よく知られているだろう。核兵器によって支えられる平和は、モラルに反するばかりではなく、いつ壊れるとも限らない。いかに非現実的とみられようと、核に頼る平和ではなく、核兵器のない平和、核廃絶を求めるべきだ、そのような「平和主義」の主張が、ちょうど「現実主義」と合わせ鏡のようになって、過去数十年の日本の「論壇」で議論されてきた。

ここでは、権力政治の現実を肯定し追認する議論と、国際政治における権力関係そのものものを否定するユートピア的な言説が対抗し、水掛け論以上の展開は期待できない。問題はむしろ、この「現実」と「理想」の対抗が、実際の国際関係における分析から、ともに遊離していた点にある。日米安保への賛成も反対も、軍事力一般の効果から説明され、抽象的だ。軍事同盟が、アジア地域の国際関係をどう安定させ、あるいは安定を損なうのか、立ち入った分析が行われることは少なかった。

まず、現実主義を唱える側は、アジアにおける核抑止は唱えながらも、どの兵力によってどこが抑止されているのか、どんな軍事的な対抗によって秩序が維持されるのかについて、曖昧な答えしか持っていなかった。中国の核戦力は、いったいアジアの国際関係をどのように変えるのか。アメリカの核戦力は、どのように極東の安全保障に関わり、具体的に軍事行動に用いられる可能性があるのか。「現実主義」は、そのような具体的検討を度外視して、ただ兵器があるから平和が存在するという現実の教条化と現状追認に陥っていたのである。これは、現実的な政策提言というよりは、兵器があれば平和が保たれるという信念の表明に近い。現実主義が現実的だったとはいえない。

平和主義は、ちょうど逆の信念を唱えていた。兵器に依存する平和は誤りだとしながら、それでは現実の平和がどのような条件によって提供されているのか、具体的な分析は乏しかった。日本は核の傘の下で平和を享受する受益者ではないか、日米安全保障条約とアメリカの影響力によって、日本の軍国主義を抑えているのではないか。そんなどぎつい問いかけに対し、平和主義は、武器に頼る平和はモラルに反するという以上の回答を与えなかった。

反核運動の特徴とは、この「核」という争点と「平和」という目的を直接結びつけるのが特徴であり、具体的状況において、より平和的な政策はどう選択するのか、という問題は考慮されていない。その理由は、戦争の原因を兵器の保持に還元し、政策的判断を平和論から排除してしまった点に求められる。

核兵器はまず廃絶すべきだ、そして、すべての戦争が核戦争に発展する可能性があるだけに、核兵器以外の兵器も廃絶するべきだ。この主張は、平和の条件を、武器の保有に還元している。確かに、兵器で脅せば常に平和が実現するわけではないから、現実主義の信念は怪しい。しかし、兵器がなくならなければ戦争もなくならないという終末論的なユートピアに頼る限り、目の前の戦争をどのように阻止するのか、そこに平和をどうすればつくることができるのか、という課題に答えることはできない。

軍事紛争の拡大をどう止めるのか、止めないのか。この問題は、軍事力の有効性を限定的にであれ認めかねない議論として、平和論のなかでは避けられてきた。第二次世界大戦後の世界で実際に起こったのは、核戦争ではなく、各地域における通常兵器による戦争だった。しかし、反核運動における国際政治認識は、終末戦争を対象としていたために、現実世界の限定戦争について、明確な判断を下すことはなかった。核戦争の危険が後退すると平和論が衰えてしまったのも、終末戦争に片寄った戦争観に原因がある。

平和主義の非現実性は、現実主義者たちの批判するような、兵器がなければ平和になるという希望的観測から生まれたものではない。それだけなら、兵器があれば平和になるという議論も、同じように、現実性に乏しい。むしろ、広島の被爆という過去の悲劇が繰り返されることを恐れながら、目の前の悲劇については目を向けようとしなかったこと、個別の紛争における、より平和的な選択の模索を怠ったこと、それが現実の政策選択における平和主義の有効性を狭めることになった。

ヒロシマと広島の間

原爆投下から五五年以上経ったいまでも、広島を歩き、広島の人と話すと、現在の場所は爆心地から何メートル離れているのか、その人の親戚は爆心地から何メートル離れたところにいたのかが、どこかで会話に忍び込んでくる。避けて通ろうとしても避けることのできない悲劇が、広島の被爆を語り伝え、核廃絶を唱える運動の動機としてあった。

それでは、その受難にどのような意味が与えられたのか。おそらくそこには、広島の被爆が、日本国民に新たな使命を与えるという、平和とナショナリズムの結合があった、と私は思う。破滅的な戦争を始めた日本が、破滅的な被爆を経験した。その経験が、国民の結節点を、正戦遂行から平和の唱道に切り替えた。戦時にみられたような、「近代の超克」などという「世界史的意義」の自覚に代わり、被爆国としての経験を世界に伝える、「平和愛好国民」としての新たな責任感と使命感が生まれた。

広島は、都市の被爆だけではなく、その経験を通して国民と平和を結びつけ、その結合によって歴史的意味を獲得した。それはまた、第二次世界大戦のなかで、「国民」を標榜した政府が、その「国民」の生命財産を奪い、敵国であったアメリカによって民主主義を「与えられる」という、戦後ナショナリズムの傷に対する一つの答えでもあった。

日本を解放した側のアメリカが、冷戦後の核軍拡のなかで、新たな戦争を招こうとしている。そのアメリカに対して、日本国民のメッセージを伝え、自らの正当性を確認し、そのメッセージを対外的にも広げる。新たな使命感を得ることによって、解放者としてのアメリカというイメージを逆転したのが、広島経験を基礎とした戦争の記憶であり、戦後日本の平和主義だった。

そのような日本で、それでは最近のような、平和意識と切り離された国民意識はどうして生まれたのか、それが次の章の課題となる。しかし、広島の分析を終える前に、ひとこと、広島に住む人々にとって被爆が持った意味を、改めて考えておきたい。

平和運動で唱えられ、海外に伝えられるカタカナのヒロシマとは別に、現実の被爆者を抱えた、広島という街がある。その街からみれば、社会党も、総評も、共産党も、ヒロシマには関心があっても、広島には冷淡だった。それは何よりも、被爆者の団体、被団協が訴えてきた被爆者援護法に対する、与野党の冷たい対応に示されている。ヒロシマは、被爆からの再建のためではなく、ビキニ核実験によって、また米ソ軍拡競争の激化によって、注目された。ヒロシマ経験を語り伝えよと唱える学者も、被爆経験に固執するだけでは視野が狭いと考えた。

しかし、街を立て直した後も、広島は視野を広げようもなかった。原爆投下という不条理な暴力のために、自分の親族を喪うばかりか、自分自身がいつ発病するかもしれないという恐怖と戦う毎日を、実に多くの人々が抱えていかざるを得なかったからである。被爆者という立場を表に出せば、職が危なくなるかもしれない。かなりの数の市民にとって、平和のために叫ぶよりも、不安のなかで静かにこらえてゆくのが、被爆経験に他ならなかった。

ヒロシマを叫ぶ文章は多いが、広島を語ることばは少ない。そのなかで、別役実の戯曲『象』(一九六二年初演)は、被爆者の沈黙を、残酷なほど明確に描いている。かつては街なかへ出て背中のケロイドを人に見せてきた被爆者の「おじさん」が、病院を抜け出し、ケロイドを見せに街に出ようとする。その「おじさん」に向かって、「甥」が言うせりふである。

もう何もかもやめてください。なにもかもです。大きな声も立てないで、大きく動くこともしないことです。感激したり涙を流したり、笑ったりそんなこともいっさいしないんです。ただ黙っているんです。そうしてここにじっと寝てるんです。それしかないんですよ。それしかないじゃないですか。(角川文庫版、二九六頁)

それぞれの個人に戻ってみれば、戦争の記憶とは、理解できないほど残酷な運命を、ただ黙って耐えていくという行為でしかなかった。『象』が伝えるのは、政治化した広島ではない。ケロイドを見せ、被爆経験を語るほかには、人生でできることもなくなってしまった状況、自分の受けた暴力経験を見せることしか自分を支える条件が残されていない個人という、ほっぺたの歪むように残酷なアイロニーである。

第五章——国民の物語

国家や政府の歴史は、地域社会の歴史と内容が違うのが普通だ。ところが戦争は、国家に関する大文字の歴史でも、また個人、家族、地域社会など、より身近なところの回想でも、必ず語られる出来事である。

それは、戦争が国内の社会全体を動員するからだけではない。本来なら結びつく必然性もない、大文字の国家と小文字の社会が、戦争という出来事を通して、国民という観念に結びつけられる。別に政府に強制されない場合でも、国民という観念を求め、それに意味を見出す人が現れるのである。

ナショナリズムを鼓舞して戦った戦争なら、その後も国民意識との結合が強くても、驚くには当たらない。問題は、広島やホロコーストのように普遍主義を訴える場合、あるいは敗戦後の日本のように、かつての高揚したナショナリズムを解体した場合でも、戦争の記憶と結びついたナショナリズムの表現が後に生まれてくることだ。

なぜだろうか。戦争と国民意識が、なぜ、どう結びつくのか、考えてみよう。

1――ナショナリズムとは何か

普遍主義のなかの国民意識

広島の平和記念資料館と、ワシントンのホロコースト博物館では、特定の政府と結びついたようなナショナリズムは慎重に避けられ、普遍的な平和と正義のメッセージが唱えられている。日本人だけのための広島経験とか、ユダヤ人に限ったホロコーストの記憶などといった、聞き手を国民に限った展示は、このような平和博物館の存在意義を揺るがすものだろう。

しかし、これらの博物館は、事実を多様な角度から検討するような学術的関心とは、目的が微妙にずれている。広島の観客も、ワシントンの観客も、展示をみた後では、このような悲劇を繰り返してはならないと思うことが当然と考えられている。原爆投下やホロコーストを肯定する議論は想定されていないし、想定されることがあったとしても、否定の対象としてに過ぎない。

その意味では、広島でも、ワシントンでも、特定のメッセージが観客に伝えられているといっていい。ところが、これは偏った展示だ、異論の余地を認めていないではないか、そんな反論は広島でもワシントンでも聞かれない。歴史的事象に対する特定の解釈が伝えられても、それは当然のように観客に受け入れられる。展示者ばかりではなく、観客にも、その解釈が事前に共有されているからである。

さらにいえば、これらの博物館は、新たな知識を得るためというより、もとから支持している考え方を確かめ、強める、いわば巡礼の地という役割を果たしている。恐竜の骨や泰西名画を展示する博物館や美術館とは、質の違いがある。

広島の被爆に衝撃を受け、ホロコーストに衝撃を受けるのは当たり前だ、解釈の余地はない、と思うかもしれない。しかしここでの問題は、展示と観客の双方を包括する暗黙の了解が存在し、その了解を持たない観客は展示から疎外されてしまう、という点にある。そして先を急いでいえば、その了解を持つコミュニティーは、国民と微妙に重なり合う。広島とホロコーストという、戦争の記憶のなかでも普遍主義がもっとも強い事案でさえ、戦争の記憶と国民意識の関わりは無視できない。

被爆都市ヒロシマと、唯一の被爆国として平和憲法を掲げ、平和を祈念する日本というメッセージには、広島という一都市の経験を日本国民の経験として共有する、という前提がある。外国の観客はともかく、日本の観客が、広島・日本国民・平和という結びつきを疑うことは少ない。普遍的なはずの平和主義は、特定の国民を想定しているのである。朝鮮半島から動員され被爆した朝鮮人被爆者などの悲劇に目が向けられるまで、かなりの時間がかかったことも、平和主義とナショナリズムの結びつきを裏書きしている。

ホロコーストは、ユダヤ民族に向けられた迫害であるだけに、その記憶も、ユダヤ系住民、ユダヤ人の物語として語られてきた。ホロコーストの悲劇は普遍的な悲劇だといわれながら、ユダヤ人は、その直接の経験者ではない末裔《まつえい》たちも含めて、ユダヤ人の悲劇として、民族の記憶として、この悲劇を伝えた。

この議論は、平和主義の普遍性を呼びかける広島が、広島の経験を国民の経験として語り伝えるべきだと主張することに通じている。悲劇は普遍的な意味を持ち、当事者以外に伝える必要があるが、それは国民・民族の悲劇なのであり、国民・民族が率先して記憶しなければならない。

このように、ナショナリズムとの結びつきを抑えた広島やホロコーストにおいても、「国民・民族の記憶」としての側面は残されている。そして、ほかの平和博物館や戦争記念館をみれば、ナショナリズムと戦争の結びつきはさらにはっきりするだろう。

中国では、盧溝橋《ろこうきょう》の傍らにつくられた抗日戦争博物館が、日本の侵略について詳細に伝えている。そこでは、日本帝国主義に対する中国の革命勢力の台頭というよりも、日本人による中国侵略と、それに対して団結した中国国民の闘争として、戦争が描かれている。シンガポールの国民歴史博物館でも、「シンガポールの物語」と題する展示が、日本占領期についてもっとも詳しく扱っている。日本遺族会のイニシアティヴでつくられた昭和館も、戦争の正当化を慎重に避けているが、戦時中の国民の暮らしに目標を設定した点で、国民の記憶としての戦争展示に数えることができるだろう。

博物館ばかりでなく、近年に入っていっそう「思い出される」ようになった「戦争の記憶」は、ほとんど例外なく、「国民の物語」という側面を含んでいる。戦争責任をめぐる論争でも、個々の政治権力者、政府、政治体制の責任だけではなく、その「加害国」の「国民全体」の責任が問われている。戦争責任はなかった、という主張も、特定の政府や政治体制の責任を解除、免除するというよりは、「国民」に加えられた中傷に反駁《はんばく》し、「国民の名誉」を復活するという面がある。

戦争が「国民」の経験として語られ、戦争の責任も「国民」の責任として問われている。それでは、戦争とナショナリズムとの関係とは、どのようなものなのだろうか。ナショナリズムの意味と、国民と戦争の関わりを確かめたうえで、戦後日本のナショナリズムを、そして、アジア地域のナショナリズムの表現の一例としてシンガポールにおける戦争と国民意識の入り組んだ関係を、考えてみたい。

「国民意識」の落とし穴

国民も民族も、当事者にとっては説明を必要としないが、外部からの観察者には捉えがたい、曖昧な概念である。ここでは、一応の定義として、民族シンボルを媒介として、政治社会の統合を計る運動あるいは体制、と考えることにするが、この定義もさしたる助けにならない。何が民族に当たるのか、そのシンボルがどのように用いられ、政治統合がどのような政策として進められるのか、これだけではわからないからである。

まず、「民族」を客観的に定義することはできない。民族の根拠は、主観的条件、つまり同じ「民族」に所属するという人々の認識に頼っており、その認識の基礎は多様だからである。言語、宗教、生活様式が同じでも同じ民族だと考えるとは限らないし、違うからといって同じ国民だという意識を妨げるとも限らない。

さらに、民族意識の起源は新しいことが多い。直接に毎日接触する人々のつくる共同体、家族やムラなどでは、「われわれ」という意識を特に外側から植えつける必要も少ない。しかし民族意識とは、会ったこともない人々が、同じ共同体に帰属すると考えることである。このような社会意識が生まれるためには、伝統的共同体としてのムラの変化、労働力移動と社会流動性の増大、出版・メディアの拡大、国語教育と国民軍など、他人が仲間だと思い込むことを可能とするような、すぐれて近代の現象が必要となる。

国民意識はつくられたものだ、近代の産物に過ぎないという考え方は、現在では陳腐なほど一般的になったかもしれない。ただ、この議論には、二つの落とし穴がある。

第一は、国民意識とは、国家の操作によってつくられたものだ、という考え方に傾きやすいことである。国家権力と国民意識が結びつく場面は確かに多く、政治統合の手段としてナショナリズムに頼る政府は少なくない。しかし、ナショナリズムをつくる側ばかりに注目すると、国民という自覚を求める人々が社会のなかにいることを見落としかねない。ナショナリズムは、自由主義や社会主義よりも、常に支持者が多いイデオロギーだった。また、自由主義や社会主義が熱狂的に支持されるときは、ナショナリズムと結びついたときが多い。このような国民意識は、上からの強制だけでは説明できない。

第二に、国民観念は近代の産物だとしても、ナショナリストたちは、すすんでその国民の悠久の歴史を信じ込むことが多い。ナショナリストたちは、過去から現在に至る長い歴史のなかで自分たちの意味づけを行い、昔から伝わる文化的なシンボルを用いて、民族の悠久の伝統を主張するのが常であった。長い歴史を宣伝するのは、政治権力者だけではない。国民として自己主張をする人々は、自分の限られた生命を、その国民の長い伝統に結びつけ、自分のはかない生に意味を見出すのである。このような、ナショナリズムとの結びつきによる自我の確認は、知識人や運動家たちばかりでなく、広く「社会」にみられる現象である。住みなれたムラのような共同体を失った個人に、その帰属する母体として安心を与えるのが「国民」観念の役割だった。それだけに、先祖代々の墓と同じように、国民の伝統が信じられてゆく。

そんな伝統はうそだと知識人がいったところで、長い歴史という幻想は破れない。外からみれば根拠のない伝統を率先して信じ込み、自発的に自分をだますのが、ナショナリズムの特徴である。いかにフィクションであっても、この悠久の歴史を、ナショナリズムと切り離すことはできない。

戦争と国民意識

国民の物語の中心として、常に語られてきたのが戦争経験である。しかし、考えてみれば、戦争を通して国民を語るべき必然性は存在しない。それではなぜ、戦争と国民意識が結びつくのだろうか?

ナショナリズムは、シンボルや歴史経験によって意味が与えられ、支えられる。ところが、そのようなシンボルや経験は思うように利用できない。宗教や言語でナショナリズムを支えようとすれば、マイノリティーをどうするかという問題が生まれる。悠久の伝統は、古ければ古いほどおとぎ話になってしまう。ナショナリズムはシンボルや伝統なしに支えられないが、それらは役に立たなかったり、逆効果となる可能性さえ残る。

そんななか、戦争とは、階級・地域・信条を横断し、支配者と被支配者が一体となって経験する、すぐれて「国民」単位の経験である。もちろん、兵士は死にさらされるが指導者の生命は手厚く守られるという側面は残るだろう。しかし、ことに非戦闘員への大量殺戮を引き起こす現代戦争では、所得や信条によって生命が守られる保障は乏しい。その国家の領土に住む限り、政治権力者も被支配者も、ともに「運命共同体」に縛りつけられる。ナショナリストからみれば、植民地における異民族支配への対抗と並んで、戦争ほどレトリックとして用いやすい出来事はない。

もっとも、国家が戦争を起こし、そのおかげで人々の生命が奪われる、そう考えると、この国民のまとまりも怪しくなる。戦争とは国家権力によって強制される不条理な暴力と死だ、そう考えれば、戦争経験はナショナリズムを加速するよりは、むしろそれを解体する方向に向かうだろう。普通のおじさんやお兄さんが殺し屋に改造され、死ななくてよい人に死を強制するのが戦争だからだ。戦後の日本におけるナショナリズムの急速な解体にみられるように、敗戦は国民意識を突き崩すことが多い。

しかし、そのような戦争の不条理は、戦争に敗れた場合でさえ、ナショナリズムへの過度の同化を生む可能性もある。必然性のない不条理な死だからこそ、国民といったシンボルに頼ることで不条理を条理に変えたいからだ。無駄死にではなかった、お国のために死んだのだ、ほかの国民の生命を救うために犠牲になったのだ。そんな正当化は、仮にそれが虚構に過ぎないとしても、そう考えることで耐えられないほど無意味な死に何らかの意味が与えられるのである。

自分の夫や息子を殺した「国家」を信じることで、その夫や息子の死を受け入れる。この強烈なアイロニーは、ナショナリズムが、現代世界において、世俗世界の宗教としての役割を果たしていることを示している。教会も国民国家も、無意味な死に意味を与えるために信用され、信徒や国民としての帰属意識も、各自の内面に刻み込まれてゆく。そして、無意味な死を救うはずの教会や国民国家が、実は戦争を引き起こし、無意味な死をつくり出すことも珍しくはない。

日本では、そのような「国民の物語」として戦争を語ることは、長い間、厭われてきた。それが近年では、急激にそのような語り方が増大したかにみえる。日本における戦争とナショナリズムは、どのように結びつき、結びつかなかったのだろうか？　戦後日本の国民認識の変化を次に考えてみよう。

2——ナショナリズムとしての戦後民主主義

日本国憲法とその意味づけ

戦争に負け、占領されることなしには、自分たちの権利を守る憲法も、自分たちに責任を負う政府も、つくることができなかった。戦後民主主義の模索はこの傷から始まる。外から強制されなければ自己の権利も擁護できないという、この砂を噛むような現実から目を背けるために、さまざまな物語がつくられていった。

おそらくその一つが、日本人は自分で憲法をつくった、押しつけではない、という議論だろう。もちろんこの議論の背景には、押しつけ憲法を廃して自主憲法を制定しよう、という保守勢力の声がある。押しつけられたからよい憲法になったという声は、あまり聞かない。

ここで、次のような議論を並べたらどうなるだろう。日本人が自分で憲法などつくったらとんでもないものになる。政治的自由を自覚する人々の手によって、はじめて日本人の権利を守る憲法もつくることができるが、それができる日本人はどれほどいるのか。いなければ、日本人の手になる憲法は、その日本人を虐げるだけではなく、軍国日本を復活させ、対外侵略の再開さえ促しかねない。

うれしい議論ではないが、右の論理は、理屈というよりも現実だった。帝国憲法のもとで立憲政治と政党政治が展開したことは事実であるが、明治憲法体制と明らかに一線を画する「民主的」な憲法は、敗戦と占領なしにはできなかったからだ。日本側から憲法草案がつくられ、否定できない役割を果たしたのは事実であるが、その作業は占領という特異な状況によって発言の機会を得た人々によって行われた。戦争に負け、民主的政府を要求する占領があってはじめて、日本人だけでは実現したかどうかわからない民主政治が実現した。

憲法は押しつけではないという主張の延長線上にある議論が、昭和一〇年代逸脱説とでも呼ぶべきものである。一九世紀後半から一九三四、三五年頃までの日本の政治は、明治憲法体制のもとで政党政治が拡大し、政党内閣の形成から普通選挙の実施に至るまで、ヨーロッパ諸国とも並ぶような民主主義の成熟がみられた。昭和一〇年代の軍国主義と戦争こそが日本史における逸脱だったのであって、戦後日本の民主政治は、戦前の立憲政治の発展への回帰だ、大戦後に外圧によってつくられたものではない、という説である。戦時中の一〇年を異常な時代としてひとくくりにするため、心理的にも安心感を与える議論だった。しかし、戦時の一〇年はそこまで「例外」だったといえるのか、また、戦後日本の政治は戦時体制とそんなにはっきり断絶しているのかなどといった暗い疑いに、この議論がすべて答えたとはいえないだろう。

日本国憲法はわれわれがつくったという議論も、昭和一〇年代は日本近代史からみても異常な時期だという議論も、戦時体制が近代日本の本質ではない、戦後民主主義を生む内在的根拠があったと主張した。アメリカ人に占領されなければ民主主義を実現できなかったという傷が、こうして癒された。

護憲ナショナリズム

それらの物語と並び、おそらくもっとも大きな歴史的影響力を持つことになったのが、日本国憲法は、日本国民がアメリカに対して守ってきたものだ、守る過程で自分たちのものになったのだという、護憲ナショナリズムの主張だろう。冷戦下において、アメリカの占領政策が転換すると(「逆コース」)、日本国憲法と民主主義を擁護する運動が生まれ、これを通じて憲法が日本社会に定着したのだ、という議論である。丸山真男の「憲法第九条をめぐる若干の考察」(一九六五年)と、坂本義和の「革新ナショナリズム試論」(一九六〇年)を典型とするこの議論では、アメリカによって民主化したのではなく、アメリカに対して民主化したという、主体の転換が、大きな特徴になっている。当初は占領下でつくられた憲法も、アメリカの「逆コース」に対抗する運動を生み出すことによって、日本国内の市民社会のなかに定着していった。アメリカの占領は、当初は民主化を模索したが、結局、冷戦下の戦略的利益が普遍的使命に優先してしまった。その民主主義を守り育てるのは、アメリカの反共軍事戦略に抵抗する市民の活動だ、やはり民主主義は市民によって支えられている、ということになる。それは、「押しつけ」られなくても、「民主・平和の日本」が日本社会のなかにあるのだ、という希望を残す考え方だった。

この護憲ナショナリズムは、民主主義と平和を結びつけて考える点が特徴である。アメリカの占領は、冷戦期の軍事戦略に日本を統合することで、解放軍としての正当性を失った。戦後日本に少しでも国民的目標があるとすれば、それは戦争を再び起こさないことだ。反戦が市民社会の基本的合意である限り、平和主義と民主主義は不可分の関係に立っている。それは、過去の戦争と軍国主義の結合への反省に立脚した、戦後日本国民の選択である。

このような観念からみれば、アジア地域におけるアメリカの軍事戦略に日本を統合する試みは、まさに戦後市民社会の合意を壊し、民主主義に逆らう行為に他ならない。ここでは、戦争と民主主義は正面から対立する観念としてたてられ、戦争を容認するアメリカの主導する民主化改革は本当のものではあり得ない、という論理が引き出される。

アメリカの要求に抗して日本が民主主義を守ってきたとか、日本国民が戦争の最大の犠牲者であった、とかいった表現には、どうみても誇張がある。占領なしに民主政治が日本に生まれる保障はなかった。与党の民主主義は岸信介の国家観念と両立可能だった。野党は政権をとることもできなかった。アメリカに対して憲法を守るナショナリズムとは、政権はとれないけれども憲法改正は阻止できるという、国会議席における与野党の議席分布の膠着《こうちゃく》状態を反映している。シニカルにならずにこの護憲ナショナリズムを受け入れることは難しい。

しかし、護憲ナショナリズムは、国内世論には大きな支持があった。冷戦の開始によって新たな戦争が起こるのではないかという恐怖が高まったとき、戦争に巻き込まれないよう、軍事力増強を求めるアメリカに対して日本国憲法を持ち出すことは、民主主義の自己主張として受け取られた。

第二次世界大戦の被害者であった日本人が、再び戦争を許さないようアメリカとその戦略に従う日本の保守政治家に対して、憲法に保障された平和と民主主義を擁護する。この主張は、戦前における国民意識とはまた異なった、市民社会のナショナリズムとでも呼ぶべき近代的な観念である。国家と社会を接着剤のようにつなぐ「国民」ではなく、国家に対抗する市民社会を表す観念としての「国民」への転換を、ここにみることができるだろう。

戦後啓蒙の意味

このようなリベラルな政治主張の背景となったのが、戦後啓蒙と後に呼ばれるようになった、一群の文学者、社会科学者、あるいは評論家などの文筆活動である。それは、平野謙、荒正人などの『近代文学』同人や、その『近代文学』に後には加わることになる加藤周一、あるいは安部公房、人文科学では桑原武夫、渡辺一夫、社会科学者の丸山真男、大塚久雄、あるいは川島武宜などの人々であった。

このなかには現実政治に関わる主張をしてきた人もいれば、むしろ距離を置いた人々も含まれている。日本国憲法の擁護など、政治性の高い発言を行った人は、むしろ少ないかもしれない。しかし、後の時代からは、これらの人々はいずれも、ことに丸山真男への批判を中心として、おしなべて否定的評価にさらされてゆく。

吉本隆明や、のちの酒井直樹などの、より急進的な立場からは、西欧近代を普遍とする目で日本を裁断しており、現実の日本社会を民衆の側からみる視点が欠けている、と批判された。より保守的な立場からは、社会主義への希望的観測とソ連・中国の状況への過大評価が指弾され、全体主義への対抗という使命を自覚しない自由主義は偽善的だという評価を受けた。

このような批判をみれば、いかにも政治主導の硬直したイデオロギーがこの人たちによって唱えられたと思うかもしれない。しかし、戦後啓蒙の特徴は、政治教養の強制よりは、その強制からの解放だったのではないかと私は思う。

脱却すべき教養の第一はコミュニズムだった。共産主義への批判が不十分だ、容共的だ、という後年の批判のために見逃されやすい点であるが、戦争直後の知識人にとって最大の課題は、天皇制以上に知識人にとって大きな権威であり、戦後も権威として復活した日本共産党の知的ヘゲモニーにどう対処するか、ということだったからだ。『近代文学』同人の最大の論敵は当初は共産党の影響下に置かれていた新日本文学会であり、丸山真男は、自分の議論が天皇制と共産党という二つの相手に立ち向かうものだと考えていた。

しかし、ここでの議論とより関係の深いのは、戦時ナショナリズムからの脱却である。護憲ナショナリズムに微妙な屈折を与えているのは、このナショナリズムが、戦時ナショナリズムの解体から出発していることである。その背後には、戦後日本社会全体における、国民意識からの解放があった。

戦後日本では国民が忘れられてきた、それが戦後思想の傷だ、いまではそう語られることが多くなった。しかし実際には、「国民」は「忘れ」られたのではない。大文字の「国民」

という縛りからの解放こそが戦後思想の出発だった。敗戦当初の社会の反応は、国民としての反省とか、平和の呼びかけではない。むしろ、その国民という観念が壊れ、その観念によって動員され、死ななくてはいけないという運命から解放された喜びが語られたのである。もうお国のために死ななくていい、生きていていいんだ。自己の生命を回復する喜びが、国民というフィクションから解放される心理的な喜びを伴うことになった。これでは日本国家はどうなるのかと心配するのは、その「日本国家」が具体的な自己の既得権と関わっているエリートの世界のことだった。

戦後啓蒙の業績をいま読んで印象深いのは、それぞれの主張よりも、考えたいことを考え、言いたいことを言う喜びが、どの文章にもあふれている、ということである。政治的な立場を国民が共有することではなく、自らの判断を自らの責任で発言することができる喜び、純粋の知の喜びが伝えられている、ということもできるだろう。戦後日本の思想は、国民を「壊されたり」「忘れたり」したのではなく、その国民意識から自らを解放したのである。

啓蒙の限界

国民意識から言論を解放し、政治的拘束や固定観念にとらわれない思惟を展開したことが、戦後啓蒙の栄光だった。ところが、そのかつての「国民」に代わるものとしてどのような政治社会を構成するのか、その点では戦後啓蒙の議論は奇妙に静かである。

　まず、「政治と文学」論争の中心となった荒正人はもちろんのこと、より穏やかな本多秋五や平野謙も含め、『近代文学』同人の語った「政治」とは、日本共産党とその影響下にある組織に対してどのように自主性を保つのか、という「政治」に集中している。その共産党が現実の日本政治で持つ比重を考えれば、ごく限られた世界の出来事に過ぎない。

　また、丸山真男の語る政治的自由とは、政治権力に対する異議申し立てとしての自由に集中しており、権力をつくる自由はほとんど語られない。丸山の語る政治権力への抵抗とは、結局のところ、政治権力が特定の個人や集団によって独占され、政府が特殊な利益や理念と結びついていることを、所与の前提としたうえで、それに対して市民社会が抵抗するという、国家と社会の対抗関係を前提とした「権力に対する自由」であった。もっと簡単にいえば、政府など変わりはしないという暗黙の前提のもとで、どうせ変わりはしない政府に対して異議申立てが繰り返されるのである。

　そこに抜けているのは、「権力をつくる自由」、つまり市民によって、その市民に責任を負う、自由な政府を構築するという作業である。もし権力に抵抗するばかりで、自分たちの権力をつくることがなければ、政治権力は社会に責任を自覚することはなく、また社会の側が政府に責任を感じることもない。国家と社会の対抗が膠着状態に陥ることで、現実とユートピアとの対峙のもとに、まさに政治的無責任の体系が生まれてしまう。

そのような理念と現実の乖離《かいり》が生まれた一因は、戦後啓蒙の知識人たちが政治体制の構築とも政治社会とも離れた世界に生きていた点に求められる。共産党との関係が最大の政治問題になるほど、知識人たちは現実の日本政治から離れた存在であった。権力はどうせ変わらないという諦念が自由の夢と同居していた。

さらに、戦時中には戦勝を祝う提灯行列に加わったような一般国民との間にも、ことに学歴を理由として、明瞭な落差があった(戦後啓蒙の担い手には、東京大学の卒業生が多い)。政治的な啓蒙の担い手が、啓蒙の対象を信用していたとはいえないのである。憲法擁護がナショナリズムの役割を果たしていると坂本義和が指摘するまで、護憲ナショナリズムがナショナリズムとして正面から表現されることは案外少なかった。その一因は、研究室のなかの知識人が、提灯行列に加わる「庶民」に抱いた警戒心と距離にあったといえば言い過ぎになるだろうか。新たな市民意識の担い手は、現実の日本社会から奇妙に遊離していた。

戦後啓蒙の言論に、自由な思惟の魅力がみられるのは、四〇年代終わりから五〇年代はじめにかけての数年間に集中している。その後は、ちょうど「進歩的文化人」というカリカチュアに表現されるような、あるべき立場を守るという、政治的には進歩的でも思惟としては保守的な言論に陥っていった。

そのなかには、戦後啓蒙の当事者以上に、その使命を自覚した言論を展開し、尊敬を受けてきた大江健三郎のような人も、確かにいる。だが、たとえば『ヒロシマ・ノート』（一九六五年）と『沖縄ノート』（一九七〇年）は、読者に自由な思惟の喜びを伝える本だといえるだろうか。悦ばしき知から離れた啓蒙は、無理を承知の説教が免れることのできない、ある息苦しさをたたえてゆくことになる。

物語の復活

戦後啓蒙の想定する市民像は、政治権力に対して異議申し立てを行う人々だった。それだけに、特に自由を主張したり異議申し立てをしないで毎日を暮らす人々との間には、距離が開いてしまう。市民を標榜する思想が想定する市民が抽象的存在となってしまえば、現実を暮らす人々に生きる意味を与える役割など期待できない。普通に暮らす人々からみれば、戦争が望ましくない以上、憲法第九条は大切だったが、日米関係があって毎日の暮らしが成り立つ以上、アメリカがそれを望む限り、日米安保もまた、逆らうことができない現実の一部を構成していた。

自分の力では何ともならないような状況と折り合いをつけながら暮らす人々からみれば、

戦後民主主義の運動は、普通の生活から離れたところにあった。現実への追随を拒絶せよという象牙の塔から呼ばわる声に対し、大学の先生がなんで偉いのかという声があがるのは当然だった、と私は思う。

戦後啓蒙に代わる社会思想や観念をすべてここで網羅することはできないし、意味も少ない。戦後啓蒙自体が、一つの体系を持つ思想というよりは、戦争直後に膨れ上がった言論の総体であるように、その戦後啓蒙、あるいは「戦後民主主義」の議論に向けられた反論や批判も、日米関係の堅持を柱とした国際政治における現実主義、高度経済成長を背景とした日本的経営と日本資本主義への自賛など、じつにさまざまだからである。また、日本型経営の起源を戦時体制に求める四〇年体制論を例外とすれば、これらの議論は戦争の解釈とは直接には関わっているわけでもない。

もっとも、おおまかにいえば、その議論の多くは「日本人」に積極的な意味を与えることを特徴としていた。それは青木保が『「日本文化論」の変容』(一九九〇年)で跡づけたような、日本文化論と日本人論の転換と軌を一にしている。それまでの日本文化論が、西欧社会の制度や価値を物差しとして日本を計るものであったとすれば、これからは「日本人」の持つ特徴を内在的に捉える視座が必要ではないか。外部からの評定を排することで、内在的評価の名のもとに「国民」の自己愛の回復が可能となる。それまでは近代的自我を阻むもととされた集団主義が、日本型経営と経済発展を支えるエートスに読み替えられていったように、経済成長を根拠とした「日本人」の再評価が進められた。

この「日本人」再評価と並んで重要な点が、学者が客観的だと考える歴史像と異なる、物語としての歴史への関心だろう。

戦後歴史学では、マルクス主義の影響もあって、土地制度を主とした社会経済史学への関心が強く、かつて亀井勝一郎が、遠山茂樹らの『昭和史』(一九五五年)には人間と物語がないと批判したように、語られる歴史と学者の歴史との間には大きな溝ができていた。学者からみれば、「過去」には出来事はあっても筋書きがあろうはずもない。法則性のようなものが一部にみえた場合でも、全体の流動的な状況のなかでは、偶然と競い合う一要素でしかない。まして、個人の役割を誇張したり、「国民」の「成長」を個人の立身出世に重ね合わせる作業は、歴史ではないばかりか、実証史学の敵になることもあるだろう。

歴史に向かう関心の一つは、しかし、そんな散文的な歴史像と対極に立つものである。ある時点に生まれ、さほど間を置かずに死んでしまう。そんな限られた生命に、何らかの意味を見出したい。自分の生きる時間より前の時代と後の時代とをつなぐ長い時間のなかで、生きる意味を確かめたい。そのような希望を実証史学の分析によって満たすことはできない。ここから、自分の生に意味を与える、自分探しと結合した、物語への需要が生まれる。
読者は、自分の過去と現在を、国民という共同体の過去と現在に結びつけ、自分が歴史のなかのどこにいるのか、その存在の意味を、過去から未来に至る国民の物語のなかに求めてゆく。「国民」というつながりを求める情動にはリアリティーがあるが、その「国民」はやはり虚構に過ぎない。ところがこの場合、「国民」が虚構なら「自分」の意味も怪しくなる。どれほど怪しげであろうとも、擬似体験としての歴史物語を積極的に求める読者がここに生まれる。求められているのが過去の史実ではなく「自分探し」であるだけに、歴史は偉人や英雄の足跡に置き換えられ、「国民」もあたかも立身出世を果たす個人であるかのように擬人化される。個人の物語と、語られる歴史とが重なり合う、二重の意味での語られた歴史、ナラティヴ・ヒストリーの誕生である。

戦争と物語

そのなかでも大きな反響を巻き起こしたのが、小林よしのりの『新ゴーマニズム宣言SPECIAL 戦争論』（一九九八年）と、西尾幹二（新しい歴史教科書をつくる会編）の『国民の歴史』（一九九九年）だろう。特に前者は、日本における第二次世界大戦の死者への追悼と、国民の物語の回復を、次の文章のように、直線で結んでいる。

無謀な作戦によって殺されたに等しい死に方をした兵や民衆にも／感謝し　哀悼の意を表するためにわしは「名誉」と「物語」を捧げたい／「むだ死に」ではない／少なくともわしがその死を忘れない／次の世代も忘れさせない／（中略）／ひたすら「むだ死に」と言って物語をぶち壊すやり方は／結局「他人のために死ぬなんてムダだ」という自己犠牲の尊さをぶち壊すところに行き着く（『戦争論』二八〇頁）

この文章は、「祖父たちが命を捧げたあの戦争」（二八二頁）という表現にもみえるように、国家・社会・家族・個人は、そのすべてが一体として過去から現在に至るつながりのなかに存在する、という前提を立てている。この一体となった日本の「物語」のなかに、それぞれの人が自分の意味を見出すことになる。先の議論をふまえていえば、ここではそれぞれの住民が自分たちの政府をつくるという市民社会のナショナリズムはない。そうではなく、支配者と被支配者が一体となった「国民の物語」が語られているのであり、守る対象も「郷土（クニ）のために」と表現することで、守るのは国家なのか社会なのか、それとも日頃接する仲間や家族なのか、という面倒な問題を一蹴している。

『戦争論』と『国民の歴史』は、対象も内容もだいぶ異なるが、次の三点では共通している、と私は思う。

第一に、どちらも、これまで「自虐史観」によって失われてきた、国民の歴史の連続性と正統性を回復する試みとして描かれている。戦後日本では、「国民」の伝統や正しさが不当に無視されてきた、それを回復しようという主張である。

第二に、叙述は論争によって展開されている。そこではまず、間違った議論が引き合いに出され、その誤りを明らかにすることで、自己の主張の正しさが示される、というよりは正しいということにされるのである。これは、「本当にあったこと」がなかなかわからないなかを、さまざまな可能性を吟味して議論を組み立ててゆく、歴史家の態度とはだいぶ離れた方法である。相手の議論を打ち負かすことが優先されるあまり、自分も相手も誤っている可能性は忘れられてしまうからだ。

そして第三に、そのような誤った歴史観が生まれた理由は、それを主張した知識人のためばかりでなく、アメリカと、その占領のもとでの、国民から誇りを奪う政策の結果だ、とされている（『国民の歴史』では、「日本が敗れたのは『戦後の戦争』である」と、この点を表現している）。外国の工作によって奪われた、国家と国民を結ぶ歴史の物語を取り戻す。このような主張は、問答無用の国家への忠誠を育むだけに、確かに為政者には便利だろう。しかし、過去の首相、大臣、政府高官などの「歴史の見直し」に関する発言などとは異なって、この新しいナショナリズムを「政府の陰謀」に還元することはできない。むしろそれは社会のなかから生まれたナショナリズムであり、「物語」の回復を求める市民や読者によって支えられているのである。

また、共産主義に対抗するためにアメリカとの同盟の堅持を何よりも重視してきた親米右翼とは異なり、アメリカへの評価はごく辛い。日本から物語と国民の自負を奪ったのがアメリカだと主張されており、日米関係の堅持を基調とする政府の対外政策とはかなり離れている。しかし、思想的にも社会的にも、このような歴史の見直しが現代日本社会の時代精神の一端となってしまったことは、否定できそうもない。

そして、政府に扇動されたわけでもない歴史の見直しは、国民を単位とする偏見の表現も生み出すことになる。たとえば、『国民の歴史』には、次のような一節がある。

> 中国人社会には、われわれがうかがい知れないほどドライで、割り切った冷ややかな個人主義が成立していると思うことが多い。(中略)古代と現代を混同するのは正しくはないが、中国は漢の昔から今日まで、基本的にはなにも変わっていないのかも知れない。(『国民の歴史』一八九頁)

このような、ほかの国の国民を、ひとまとめにして決めつける議論を口にする人もいるのだろう。そして、日本の国外では、日本人は戦前から何も変わっていないという人もいる。売りことばに買いことばの不毛な議論だ。

論敵を戯画化することによって自説を主張する歴史は間違っている、と私は思う。両極に分かれた論争として構成すればするほど議論の中身が単純になり、単純になった歴史が現実から離れた教条主義に陥ってしまう。この末路は、かつてのマルクス主義歴史学がたどった道筋だった。

私は、古典左翼の考える「正しい歴史」に代わるものは、「さまざまの、正しいかもしれない歴史」ではないか、と思ってきた。その判断にしたがえば、これまで奪われてきた「正しい物語」を回復するという、使命感の先走った歴史観は、とても支持することができない。また、国家の伝統や栄光を確認しなければ自分の生きる意味も確かめられない自我とは、ずいぶん弱い自我ではないか。悲しいことだ、と私は思う。

国民の美化は、政治的無力感と表裏の関係にあった。過去の戦争も現在の保守政治も、どうせ変わりはしないし、まして自分の力では変えられない。変えなければならない、変えなさい、という知識人の高圧的な呼び声に従う代わりに、どうせ変えられない現実が美化されることになる。

自民党政治の擁護とか、日本経済の先進性という議論と同じように、第二次大戦の肯定も、いずれ変わりはしない状況といまからは変えることのできない過去とを、よいものだと思い込むことでやり過ごそうという、現実に対するあきらめと悲しみが生みだした、無力感の反映だろう。国民の物語が日本でいま咲き誇る背後には、権力なき政治理念と理念なき世俗権力に分裂した日本の政治社会の頽廃がある。

戦争責任の「国民化」

国民の物語を刺激し、その支持者を増やした要因の一つが、日本の戦争責任を問いかける国外の批判である。しかも、責任追及の対象は日本政府から日本国民に広がり、政府の責任ばかりではなく、戦争の「正しい」記憶をめぐる対立も生み出した。

東京裁判の後、戦争責任について国外から加えられる批判の声は、奇妙に小さくなっていった。冷戦が始まり、過去の戦争責任の追及よりも現在の脅威に備える方が大きな課題となったからである。冷戦下のアメリカにとって、日本政府との同盟関係は軍国主義の清算よりも重要になった。戦場となった東南アジア諸国では、冷戦下の独立と、その過程における左右勢力の抗争の方が戦争責任の追及よりも優先順位の高い課題だったし、戦争責任を追及すれば日本軍政と協力した人々の責任問題が発生するという問題もあった。そして、主戦場の一つとなった中国との間では、革命政権が発足してから長い間、正常な国交が失われていた。

冷戦期の国際関係によって国外からの責任追及が抑えられていたこの時代には、戦争責任論が日本国内で展開された。本多勝一が「中国の旅」を「朝日新聞」に連載すると山本七平(イザヤ・ベンダサン)との論争が起こり、鈴木明『「南京大虐殺」のまぼろし』をはじめとする南京大虐殺論争に発展したのは、そのよい例である。

中国と韓国が、日本の検定教科書における記述を批判した一九八二年から、戦争責任論の展開が、いわば世界化することになる。国外では「日本」が戦争責任を自覚していないという批判が行われ、それに呼応して戦争責任を追及する声と、逆に戦争責任はないという声とが日本国内であがるという図式が、何度となく繰り返された。たとえば奥野誠亮国土庁長官は、衆議院土地問題特別委員会において、アジア全体が白色人種の植民地になっていたが、大東亜戦争の結果、独立を果たした、日本だけが侵略国の烙印を押されるのは残念だ、などと述べた。一連の発言のため、一九八八年五月に奥野は辞表を提出することになるが、そのときにも間違ったことを言ったわけではない、と記者会見で述べた。

ことに一九九〇年代には、この、国際化した戦争責任論争が、より激しく展開することになった。その一因は、戦争五〇周年をめぐる展示や研究が、世界各地で企画されたためである。少なくとも英文文献に関する限り、それまではナチスドイツの戦争責任に比べて日本の戦争責任に関する研究も展示も少なかったが、それが急増する。そして、戦争責任に対して明確な謝罪と補償を進めてきた(西)ドイツとは異なって日本は戦争責任をとらずにいる、それでいいのかという議論が、海外のマスメディアで広がっていった。

同じ頃、日本国内では戦争責任問題が国内世論の分断をさらに深めてゆく。自民党が下野したのを受けて一九九三年に発足した細川政権は、それまでになく戦争責任について明確な判断を示し、ことに「従軍慰安婦」募集には強制が働いていたと認めて陳謝した。

戦争責任問題に終止符を打つはずであった細川声明は、しかし、新たな混乱を招いてしまう。その後の自民党を含む三党連立政権において、村山首相は、「戦後五〇年国会決議」と「女性のためのアジア平和国民基金」を実現するが、その実現の過程でも、その後の議論でも、戦争責任について日本国内に合意がないことが明らかになってしまったからである。

そこでは、植民地支配と侵略戦争の責任を日本政府が認めると、その声明を打ち消す声明が他からあがるという分裂した外交が続いた。細川護熙首相が訪韓して、加害者としての反省と陳謝を示した翌九四年には、永野茂門法相が、日本は大東亜共栄圏の確立を真面目に考えた、南京事件はでっちあげだ、と述べた。おわびと反省を明示した村山首相の談話（一九九五年八月）は、その談話に反撥する声によって打ち消されんばかりだった。どの例をみても、外国からみえるのは、責任の自覚ではなく、責任の忘却だった。

この論争の過程で、日本政府ばかりではなく、「日本人」は戦争責任を自覚していないという判断が、日本の国外には広がった。一方で、国内には、「日本人」はこれまでにも謝罪を続けてきた、なぜまだ謝らなければならないのか、という反撥も生まれた。こうして、政府の戦争責任に関する論争は、国民の戦争責任という領域にまで広がっていった。

国民の責任・国民の構築

私は、日本国民の戦争犯罪の名のもとに、個人として戦争を戦ったわけでも犯罪を犯したわけでもない後の世代が責任を問われるのは、不当だ、正しいことではない、と思う。自分のしていないことについて責任をとるという主張には、ウソがあるからだ。

また、国外の批判に対する反論として主張されている、日本国民は悪くない、戦時指導者も悪くはないし、現在のわれわれも悪くはないのだという主張には賛成できないし、そもそも戦犯と「われわれ」を一緒にすることが異様だとも思う。会って話をしたこともない戦時中の日本政府や日本軍の指導者が、「日本国民」ということばによって、どうして自分の祖父や祖母とひとまとめにされてしまうのか。彼らを弁護し、名誉回復をする必要はどこにあるのか。

戦争に責任を負うべきなのは政治指導者や職業軍人だけなのか、また政治指導者と一般市民という区別は常に有効なのか、という問題は残るだろう。それでも、「一億」丸ごとの「総懺悔《ざんげ》」や開き直りに、意味があるとは思えない。

ところが、現在の戦争責任論は、行為に対する責任の吟味というよりは、「国民」が自己をどのように定義するのか、その国民の自己定義をめぐって展開している。そのよい例が、加藤典洋の「敗戦後論」と、それをめぐって展開された「歴史主体論争」だろう。一九九五年一月号の『群像』に掲載されたこの文章は、戦争責任をめぐる議論の問題点は、その責任をとる主体としての国民が分裂していることだと指摘し、次のように述べている。

ここで問われているのは、そのような一個の人格の回復のためにどんな方法がわたし達にあるか、ということだ。

しかし、分裂した人格が、自分でその分裂を克服する。そんなことが可能だろうか。それはわからないが、ただ一つはっきりしていることがある。

もし、それが可能でないとしたら、侵略戦争を行い、敗れた国の国民であるわたし

達に、ある種日本国民としての誇り、矜持が宿ることはない。(『敗戦後論』五二頁)

加藤の文章は、日本の兵士を悼むことから始めなければ戦争責任のとりようもないではないかと主張したため、論争というよりは反撥を引き起こした。しかし、この文章は、国民像の模索というよりは、国民を否定する論理の否定、ともいうべきものだ。加藤によれば、「市民とか、世界市民の立場に立つといってみても」、「国民というナショナルなもの」は「解除」できない、だから「新しい『われわれ』の立ち上げ」が必要だ、ということになる。ここでは、「市民とか、世界市民の立場に立つ」議論への加藤の視点は明確ではあるが、そんな国民を否定する論理の不毛を越えたところにどのような政治社会を構想するのか、その手がかりはあまりない。

加藤に反論を加えた高橋哲哉は、ホロコーストに向かい合うドイツ社会と日本を対照させて、むしろ戦争犯罪を見据えることが日本市民の責任ではないか、それを基礎として市民の社会がつくられるのだ、と考える。たとえば、従軍慰安婦について、こんなくだりがある。

この汚辱の記憶、恥ずべき記憶は、「栄光を求めて」捨てられるべきものなどではなく、むしろこの記憶を保持し、それに恥じ入り続けることが、この国とこの国の市民としてのわたしたちに、決定的に重要なある倫理的可能性を、さらには政治的可能性をも開くのではないか。(『戦後責任論』一九〇頁、傍点原文)

テッサ・モーリス＝鈴木が指摘したように、高橋は日本国民の責任と日本国民の構築という、まさに「国民」を機軸とした争点として戦争責任論を展開しており、立場の異なる加藤とその点だけは重なっている。戦争に対してどんな政治責任が問われるのかではなく、その責任をとる日本国民をどう構想するかが争われているのである。

日本の兵士が追悼されてこなかったとは、私は思わない。靖国神社に参拝する人々も日本遺族会も、最近になって活動を始めたわけではない。また、「市民とか、世界市民の立場に立つ」議論は、加藤の考えるよりも規模の小さい、狭い意味の「論壇」や知識層に起こった出来事ではなかったか、とも思う。この論争そのものに、日本の政治社会を考えるうえでどれほど意味があるのか、疑問が残る。

だが、「敗戦後論」の機軸が「誇り」を持てるような「日本国民」の形成にあったこと、そして高橋の反論が、加藤とは異なるかたちではあっても、「この国の市民としてのわたしたち」の「倫理的可能性」と「政治的可能性」に向けられていたことは、確認しておく必要があるだろう。歴史主体論争という呼び名の当否はおくとしても、確かにこの論争は主体の定義をめぐって争われていた。しかも、その主体は、国民を単位として考えられている。

第二次世界大戦における日本の戦争責任に関する論争は、「日本」と「国民」のイメージを探っていたのである。過去の戦争について、加藤と高橋の解釈が分かれていたのではない。責任をとるならその主体は誰なのか、日本国民とはどのような存在なのかということが、議論の争点になっていた。

国民の責任として戦争責任を語る者も、国民の物語の一章として戦争に化粧をほどこす者も、国民像の模索を歴史の課題とする点では、大きく重なっているのである。戦争責任が「国民化」して捉えられ、個々の政治指導者だけではなく、戦時中の日本国民の戦争に対する責任が問われるようになると、それに対抗するかのように、「国民の歴史」を飾り立て、戦争を「祖父たちの物語」として肯定する議論も生まれた。この扇情的な議論の横で、知識層のなかで広げられた「歴史主体論争」においても、歴史をみる主体としての国民が、論争の的にされたのである。

3——シンガポールへ

国民歴史博物館

ここまでは、日本において、どのように「国民の物語」としての戦争の記憶が「よみがえり」、あるいはつくられていったのかを考えてきた。しかし、ナショナリズムと戦争を結びつけた物語は、日本に限った現象ではない。それどころか、政治的自由と結びついた市民社会の構想ではなく、戦争の記憶と結びついた国民の物語が拡大する現象、しかも政府の公的な宣伝ばかりではなく、市民の自発的意志によって物語が求められる現象は、世界各地で広がりつつあるようにもみえる。これを考えるために、シンガポールにおける戦争の記憶を検討してみよう。

広島、ワシントンの二つとはまた異なった博物館が、シンガポールの国民歴史博物館(National History Museum)である。この三つのなかでは建物がもっとも古く、英領時代の白い宏壮な建築であるが、もとは国民博物館とされ、「歴史」博物館となったのは最近に過ぎない。設立の目的は、「シンガポールの多文化にわたる起源をふまえながら、国民の歴史と物質文化を保存し、解釈を加え、それを通じてシンガポールの情念的なアイデンテイティーを探り、発見し、強めること」であるとうたわれている。三つの博物館のなかでは、ナショナリズムがもっとも鮮明に打ち出されている。

日本軍政期の展示は、シンガポール史の人形模型、ジオラマのなかに含まれている。ひとまわりすれば先史以来のシンガポールがわかる二〇図のうち、軍政期を対象とするものは二つある。また、二階には、戦後シンガポールの歴史展示「植民地から国民へ」があり、資料、写真や映像などを駆使して、建国から現在に至る歴史が語られる。ここでは、展示の最初のコーナーが、日本の侵略について語っている。

確かに戦争は語られている。しかし、いかにも少ない。

シンガポールは、日本軍政のもとで、醜い暴力が行われた街の一つである。マレー半島を南下して一九四二年二月にシンガポールを占領した日本軍は、抗日的ではないかと疑われた中国系男子住民を街なかでつかまえ、海岸地区に集め、その後に射殺した。どれほどの犠牲者があったのかは明確ではなく、五千人から五万人までの諸説がある。しかし、南京大虐殺とは異なり、虐殺が起こったことは日本政府も認めており、戦争記念公園に立つ虐殺の慰霊塔の建設には日本も協力した。シンガポールの人と話した経験のある人はすぐわかるように、少なくとも中国系住民に関する限り、この虐殺事件を頂点とした占領下の暴力と苦しい生活は、肌に刻まれるように、その占領の経験者に記憶され、語り伝えられている。

しかし、シンガポールにおける戦争の記憶は、中国系住民よりも、イギリス系住民によってまず語られていった。

その典型が、チャンギ刑務所の教会である。日本占領下のシンガポールで、チャンギ刑務所に押し込められたイギリス系住民は、屈辱的な虐待を受けながらも、毎日この教会で祈り続けたという。当時の苦しく、しかし敬虔な生活の一端は、この教会の横に展示された、幽閉生活を送る人々の日記や絵などによって知ることができる。

ごく粗末な教会の入り口につくられた掲示板には、海外から訪れた遺族たちが寄せた手紙やメモがいくつも貼られている。教会を見学する人も、横の展示を観る人々も、ちょうど広島やワシントンの博物館と同じような、静かで厳しい表情をたたえている。そして、その多くは、オーストラリアを含む、イギリス系の住民である。この島の北部には、クランジ戦没者記念碑があるが、そこに並んだ墓標も英連邦諸国の兵士のものだ。

ボーア戦争以来、第一次世界大戦、第二次世界大戦と、イギリス系の住民は、さまざまな団体、教会、結社の活動を通じて、世界各地で、戦争の記憶を確かめ、「思い出し」続けてきた。チャンギ刑務所教会も、さまざまな場面で追悼されるイギリス系住民の犠牲の、いわばひとコマに他ならない。日本軍によって刑務所に押し込められたイギリス系の人々は、他の地域で戦争の犠牲となった人々と同じように、いまも追悼されている。

もちろん、中国系シンガポール人が、非業の死を遂げた先人を忘れていたわけではない。シンガポールで日本軍の行った虐殺は、南京ほど日本で知られていないかもしれないが、シンガポールの住民には忘れられない事件である。日本の教科書における戦争の扱いが話題になると、私の会ったシンガポール人は決まって、シンガポール占領と華人虐殺が日本の教科書にどのように書かれているかを訊いた。戦争に関する思いは、それを経験していない世代も含め、私的な記憶として、家族によって、地域社会によって、蓄えられている。

しかし、中国系シンガポール人の受難が、私的生活よりも広い場所で追悼され、戦争の記憶が公的に表現されるまでには、時間がかかった。私的な記憶は、公の表現を得ることなく、政府から啓蒙的に提供される「国民の歴史」の一章として、おさまりよく隅に押し込められていた。公的な記憶は、政府によって展開される言説に独占され、政府の展開する言説のなかで、戦争はその一部しか占めていなかった。

シンガポールの物語

それまで戦争をほとんど語らなかったシンガポール政府は、しかし、最近一〇年ほどの間に大きく変わった。戦争に関わる公的な回顧企画が急増したのである。

まず、一九六八年に設けられた国立公文書館は、ラッフルズ博物館から植民地時代の行政文書を引き継ぐとともに、次代の歴史研究として、日本占領期に関する大規模な聞き取り調査を開始した。この調査はリー・クアン・ユー首相（当時。九〇年以後は上級相）の指示に基づいており、リー首相本人も、七六時間に及ぶインタビューに応じた。

終戦四〇周年にあたる一九八五年には、この聞き取り調査に基づいて、「日本占領　一九四二—四五年」と題する大規模な展示が行われ、本も刊行された。この展示の成功を受けて、シンガポール占領五〇周年の一九九二年に向けて、戦争回顧の企画が進められた。九二年には、新たな「日本占領」展に加えて、四二年に英連邦軍降伏調印式が行われたもとのフォード工場の公開、また日本に降伏した際の司令部バトルボックスの修復と公開など、一連の企画も催された。三年に及ぶ努力を経て、日本占領に関わる地点のそれぞれが確認され、案内板が設けられ、その地点をたどるシンガポール戦場地図と、その地図の子供版までがつくられた。

八五年から九二年にかけて行われた、このような戦争の回顧は、より広い国民教育の一環として進められたものである。九二年の博覧会には、公立学校から参観が数多く行われた。日本がシンガポールを占領した二月一五日は国防記念日として、ことに九五年以後はリー上級相による記念演説とともに、毎年大規模に祝われるようになった。これらの展示企画の中心となったクウァ・チョン・グアン（シンガポール国民遺産協会運営委員）は、シンガポール防衛の必要に対して国民の自覚を深めようとするリー上級相の判断が、企画の動機だったと述べている。

八〇年代から九〇年代はじめには、リー上級相と、側近のトミー・コーが、「アジア的価値」の重要性を唱え始めていた。それまでは経済成長によって強権的支配への不満を慰撫してきたシンガポール政府が、より踏み込んだ理念やイデオロギーによって、その統治を正当化し始めた、そんな時期に、戦争の回顧が進められたことになる。

一九九五年に終戦五〇年企画が催された後でも、戦争の回顧はむしろ拡大した。その一例が、国民歴史博物館に加わった新しい展示、「シンガポールの物語」と題する映画である。リー元首相の自伝と同じ表題を掲げた、特殊なめがねをかけて観るこの立体映画は、自伝の刊行と前後して進められた企画の一つだった。

その物語は、日本による侵略と占領、共産主義に対抗しながら勝ち取った独立、さらにマレーシアとの合邦とその失敗という、三つの体験に焦点を当ててまとめられている。三次元映画だけに、観客の目に飛び込むような仕掛けが施されている。日本兵の銃剣が観客に向けられ、爆弾の破片が観客にふりかかり、シンガポールを足もとに組み敷いた共産主義の虎が観客をにらみ回す。その筋書きは、日本軍国主義、共産主義、華人・マレー人・

インド人のナショナリズム（ここではショーヴィニスムとして語られている）という三つの苦難に力強く立ち向かい、現在のシンガポールがあるのだという、まさに国民の物語であり、孫の質問に答えて老人が昔話をするという構成が全体を縁取っている。

この映画は、戦争の描写が三分の一以上を占めている点で、歴史博物館のほかの展示と明らかに異なっている。また、一九世紀のシンガポールにおける華人社会が、ナショナリズムというよりは社会史的関心にあわせて展示されてきたこの博物館が、歴史を通した国民教育の場に変わってゆく過程にあることを、このいかにも政治的な映画は示している。まさに、国家を通した、上からの、公的な、戦争の記憶に他ならない。

中国人の記憶

これだけをみると、シンガポールにおける戦争の回顧は、リー上級相を中心とした政治宣伝の一環だ、ということになりかねない。それでは、シンガポールに住む人たちは、そのような戦争と国民の物語には、関心がないのだろうか。

高層ビルの並ぶ都心からやや北に離れたところに、かつて孫文が滞在し、日本軍政のもとでは憲兵本部にも用いられた晩晴園（孫文記念館、現在改装中）がある。ここでは、孫文に関わる展示ばかりでなく、一九八五年の日本占領展から借り出したものもあわせ、日本占領時代の写真や遺品が展示されている。

晩晴園の展示は、中華総商会によって企画されており、国民歴史博物館のような政府の事業ではない。そこでの展示は、歴史博物館よりも、日本に対してははるかに厳しい。しかも、空襲の展示のような誰が手を下したのかがみえない「戦争」の暴力ではなく、日本兵の姿がはっきりわかるかたちで展示されている。空襲としての戦争経験と、占領経験との違いがはっきり目につくところだ。

そして、シンガポールにおける日本占領の犠牲が、中国本土における日本侵略と並べられ、中国世界の受難が語られている。シンガポール国民の受難というよりは、中国系住民の受難の一環として、シンガポールの事件が語られている。

リゾートとして開発が進むセントーサ島には、戦争博物館がある。この博物館も私営であり、政府の関与は少ない。戦争と占領の具体的なディテールまでを展示している点で、この博物館の展示がシンガポールではもっとも体系的だといえるだろう。そして、歴史博物館では、日本占領下におけるマレー系・インド系住民の受難が中国系住民のそれと並べて語られたのに対して、この博物館の精緻なロウ人形は、何よりも中国系住民の苦難に焦点を当てている。

似た例をほかに挙げることは難しくない。政府による戦争の回顧と並んで、中国系住民の間で、戦争の回顧が広がっているのである。抗日運動の指導者、林謀盛（リン・ポー・セン）はテレビのミニ・シリーズとなって人気を博し、先にふれた虐殺慰霊碑に人影は少ないのに、ほど近い林謀盛の慰霊碑には訪問者が絶えない。

そこで語られる戦時の苦難は、「シンガポール国民」を横断する苦難ではない。その「国民」からマレー系・インド系住民は除かれる一方、対象地域はシンガポールよりも広げられる。日本の侵略が世界各地の中国系住民をどれほど苦しめたのか、その経験が、公的な記憶よりもはるかに生々しく語られている。

シンガポールにおける公的な戦争の回顧は、無関心な市民に国家が押しつけ誘導しているのではない。それまでは戦争経験の宣伝に頼らなかった政府が、国民意識の高揚のために戦争に頼るようになった一因は、華人社会における、「戦争の記憶」の高揚にあった。その、華人社会における戦争回顧と競い合うように、公的な回顧が進められているのである。

シンガポール社会は、英語を自由に話すエリート層と、英語教育を受けてはいるが、華語（ことに福建語）の方が自由に話せる一般庶民との間に、かなりの格差がある。一般のメディアや学校教育は、「コスモポリタン」と通称される前者の手に握られており、普通の庶民は、郊外の官営団地に居住し、「ハートランダー」と呼ばれている。公的な言論は、コスモポリタンにゆだねられているといってもよい。

ハートランダーたちの生活意識が公的に表明される機会は、まずない。この厳しい統制のなかで、一般華人の間で広がっていったのが、戦争の回想だった。中華総商会の編集した日本支配の記録は、歴史博物館の編集した英文文献にみられる客観的な抑えた表現とはまるで異なる刺激的な写真で満たされている。政府による公的な歴史教育ではなく、私的経験から導かれた戦争の記憶は、この、やや扇情的で、中国系住民を中心とした歴史の語りの方に向かっていった。

現在のシンガポールでは、経済成長と引き替えに政府への支持を確保することが難しくなった。「アジア的価値」などといった理念によって社会統合を計る理由もそこにある。そのなかで、「社会」の側から声高に語られ始めたのが、戦時中の苦難だった。国民博物館が国民歴史博物館に改装され、控えめとはいいながら、戦争経験の展示も行われるようになった背後には、中国世界の戦争の記憶を取り戻そうとする、中国系住民の試みがあった。

もちろん、語ることの許される経験には、制約がある。国民党の活動家であった林謀盛を英雄にすることは許されても、共産党系勢力の反日運動を語ることは、現在のシンガポールでは許されない。しかし、その制約のなかで、戦争の回顧を通じた中国系住民の自己確認が始まったことは、やはり注目すべきだろう。

シンガポールにおける「戦争を思い出す」行為は、このように、犠牲の記憶とか、国民的経験、あるいは政治宣伝などのことばで一蹴できない、重層的な内容を持っている。戦争の被害を語ることは、まずイギリス系住民たちによって行われ、かなり経ってから中国系を中心とするシンガポール人による「思い出す」行為が始まり、それと前後して、国民社会の統合をねらう公的な、制度化された記憶が進められていった。公的記憶と私的記憶、国民の記憶とそれぞれの民族集団の記憶、さらに国民国家によって正当と認められた戦争観と私的に伝えられる戦争認識など、錯綜した関係があった。

シンガポールの事例から引き出される教訓としては、少なくとも二つのことが挙げられる。

第一に、「犠牲者の記憶」とは何か、という問題がある。この本では、これまで、日本とアメリカにおける戦争認識を対照させて考えてきた。しかし、日本も、アメリカも、戦争における犠牲者である以上に加害者だ、犠牲者の視点から戦争をみる必要があるのではないか、そんな議論もあるだろう。英軍降伏後のシンガポールは、日本軍政下に置かれていたから、間違っても侵略を行った側とはいえない。

しかし、個人の犠牲には、さまざまな語り方があり、そもそも語られるとは限らない。シンガポールで最初に語られた戦時の苦難は、人口比ではるかに少数のイギリス系住民の生活であり、中国系住民の苦難は、私的には伝えられながら、政治のことばとしては表現されず、むしろ抑えられていた。そして、戦争が語られていくなかでは、大文字で語られる「国民の物語」と、より私的に伝えられる、中国系住民の受難の伝承との間にズレが生まれていった。

第二に、ことに新興独立国の場合、戦争の記憶は、独立と建国の物語として、政府が支持を調達する手段に用いられることが多い。それだけに、国民意識を、いわば「上から」育てる過程にどうしても目がゆきやすく、戦争の記憶を政治宣伝として一蹴する見方も生まれることになる。たとえば、南京大虐殺に関する「中国政府」の抗議と「中国人」の抗議とは、どれほど区別して考えられてきただろうか。

しかし、シンガポールの事例をみれば、戦争の記憶を「上から」の操作だけで説明できないことがわかるだろう。シンガポールでも、政治統合を目的とした「上から」の国民意識培養は明らかに行われている。だがそれだけではない。政府の手が加わった、公的に制度化された記憶ばかりでなく、公の議論にはなかなか顔を出さない、私的に語られる記憶が、ときおり頭をのぞかせているのである。

たぶんこれが、「国民の物語」の実相なのだろう。それは大文字の「国民」に傾くことで政治的イデオロギーとなるが、より私的な経験として語られることで実体を獲得する。ナショナリズムが「国家だけ」のものにはならないように、戦争の記憶も「国家だけ」のものにはならない。シンガポールという、戦争の記憶が、公的に、私的に、それぞれに語られ始めた事例は、この戦争の記憶とナショナリズムとの、入り組んだ関係を示している。

それぞれの死者へ

この章で考えてきた、戦争の覚え方と国民の物語との関わりをまとめると、次のような結論になるだろう。

それは戦争による受難に始まる。自分が戦場に行った場合も、家族を戦争で失った場合も、さらに自分とその住むところが、占領、虐殺、あるいは空爆によって、戦場にされた場合でも、耐え難い暴力と受難が、戦争の記憶の中心にある。

強制されて動員される者ばかりでなく、進んで戦争に志願する人も、なかにはいるだろう。だが、戦争の指導者や将校は、一般の兵士よりも常に少ない。普通に生活する人々にとって、戦争とは、まったく必要も意味もなく、日常生活に襲いかかる、不条理な暴力である。

受難が大きいだけに、意味のない犠牲には耐えられない。それがどれほど偏見に満ちたものでも、それぞれの人々の痛切な経験に支えられた戦争の記憶は、それぞれの人々にとって、奪うことのできない意味を持つことになる。

そのような、個別の、小文字の経験は、しかし、大文字の国民の経験として、より大きな物語のなかに語られてゆく。物語の多くは、その社会における過去の犠牲の記憶であるが、英雄や、その英雄の受難の記憶を含むことも多い。一方、上官に裏切られた記憶、戦友に戦場で見捨てられた記憶、戦争を始めた政治家たちへの不信と憎悪、そんな記憶と思いが「国民の物語」の形成を阻むこともある。

私生活の経験が、公共的な「経験」に変容する過程において、ある社会通念やイデオロギーがつくられる。それは、戦争についての価値判断を含む点では戦争観の体系であり(反戦と正戦)、戦争経験を媒介として個人と国家とを結びつける点ではナショナリズムの表現であり(国民の物語)、ときには対外的偏見の反映さえ招くかもしれない。それぞれの価値判断がどれほど偏っていても、その人々の生きる意味に関わることだけに、相手の議論には応じようとしない。記憶の戦いがこうして生まれる。

私は、戦争について、正しい記憶があるとは思わない。また、国民の物語として語られる戦争の記憶には、「国民」を軸とする虚構をはらむため、必ずウソがあると思う。

しかし、そのような国民のウソを暴くだけでは、外から観察する知性の倨傲《きょごう》だけが示されることにもなりかねない。戦後啓蒙がかつての自由な思惟から遠ざかり、その啓蒙思想に代わってより粗暴な「祖父たちの物語」とその自己愛が読者に受け入れられてゆく過程は、普通の人々が意味を見出せない思想の直面する厳しい限界を示している。

それでは何が残るのだろう。

国民の物語に組み込むのではなく、市民社会の夢に解消するのでもなく、戦争の残したものを捉えた作品が、一つある。

中国の湖南省に生まれ、シンガポールで育った劇作家、郭宝崑（クオ・パオ・クン）は、日本を訪れて長野の山村に暮らした際、自分が生まれる一年ほど前に湖南省で戦死した兵士の墓に出会った。彼にとって、長い間、日本兵とは中国人を殺した存在だった。その残虐な殺人者にも墓があり、その死を悼む人がいることに、彼は衝撃を受けた。残虐な殺人者は、同時に戦争の犠牲者でもあると感じたからだ。

その経験をもとに、郭宝崑は、戦争で亡くなった五人の亡霊たちが交わす会話からなる、「霊戯」（初演一九九七年）と題する戯曲を書いた。登場人物の国籍は示されていないが、戦争の正義を信じ、犠牲をたたえる「将軍」など、日本人とわかる亡霊が登場する。

亡霊のすべてが、死と喪失を抱えている。戦争の大義にしがみつく「将軍」に向かい、かつての兵士や、出征の前の晩だけ特攻隊員の妻となった「母」が、それぞれの喪失を語る。終幕、落ち葉の降るなかを、亡霊たちはつぶやいている。

男　枯れて、破れて、つぶされて、なくなった。
女　腐って、におって、落ちぶれて、引き裂かれた。
母　残され、置き去りにされ、追い出され、壊された。
将軍　掃き出され、立ち去り、払いのけられ、忘れ去られた。
（『花降る日へ　郭宝崑戯曲集』二二四—二二五頁）

中国人として、戦争の犠牲となった「国民」の側にありながら、郭は、「自分たち」を「殺した側」の人々の内面に分け入ってゆき、「殺した側」にとっても戦争が深い喪失であったことを捉えた。

犠牲者を悼む人々が、加害者の霊に思いをめぐらせる。ここでは、戦争はもはや「国民の物語」ではあり得ない。戦争の正当化とか、意味づけとか、英雄とか、そんな大文字で飾られるものは、何も残されてはいない。そこにあるのは、虚飾やウソを離れて死者を見つめる、静かな視線だけだ。

郭宝崑の視線と重なるような、死者を見つめる碑が二つある。

一つは、アメリカ・ワシントンの、ベトナム戦争記念碑である。この記念碑は、銅像も何もなく、巨大な黒い石に、戦死者の名前だけが書かれている。ホロコースト博物館から歩いて一〇分ほどのところにある、この壁だけの記念碑には、遺族なのだろう、紙をあてて、上から鉛筆でなぞり、死者の名前を写す人々が絶えない。

もう一つは、沖縄南部につくられた慰霊碑である。名前ばかり記された石が並ぶこの慰霊碑には、ベトナム戦争の記念碑より一歩進んで、日本人、朝鮮・韓国人、アメリカ人、また軍人・市民を問わず、沖縄戦の死者の名前が、わかる限りすべて刻まれている。

死ぬ必要がなかった人々の、一人ひとりへの追悼が、ここにある。虚飾を取り払った後に、残される戦争の記憶が、ここにある。

おわりに

武力で対抗すれば、それだけで平和が訪れるとか、歴史の目的は国民の物語を語ることだとか、そんな議論は、学者の目からみると乱暴な決めつけに過ぎない。ところが、決めつけの方が学者の議論よりも信用されるようになってしまった。そして、戦争と国民意識を結びつけた決めつけが、日本だけでなく、世界のほかの地域でも生まれ、論争というよりは罵倒が繰り返されている。

なんでこんなことになったのだろう。忘れてはならない、覚えるべきだ、覚えていろ、そんな荒《すさ》んだことばの交わされるこの時代に、過去がどう覚えられ、意味づけられたのかを考えることが、この本のねらいだった。どう考えるべきかではなく、誰が、どう考えてきたのかを考えること、つまり戦争の記憶が生み出した社会通念やイデオロギーを、歴史的・状況的に、相対化して捉える試みである。

このテーマの網羅的な議論は、もとより不可能である。断片をつづりあわせた文章は、それだけでイデオロギーをつくり、新たな自己欺瞞を生みかねない。ここで書くべきでありながら書かなかったこと、吟味すべきでありながら吟味しなかった論点も、たくさん残った。それでも、考える意味があった、と思う。

アジアの知識人と呼ぶべき人々に与えられた刺激が、本書を書くきっかけになった。アジアの住民が戦争をどう覚え、忘れ、思い出してきたのか。政府や運動の代弁ではなく、自分のことばでこの問題をともに考えてきた、その友人たちは、ダイアナ・ウォン（マレーシア国立大学）、マリア・セレーナ・ジョクノ（フィリピン大学）、クォク・キアン・ウン（シンガポール国民遺産協会）、スリチャイ・ワンゲーオ（チュラロンコン大学）、ヘディ・シュリ・アヒムサ・プトラ（ガジャマダ大学）、その機会を与えてくださったのが、国際交流基金の藤井宏昭（理事長）、岡真理子、深沢陽、古島法夫（故人）、八木和美の各氏である。感謝します。

調べてゆくなかで、クウァ・チョン・グァン（シンガポール国民遺産協会）、北出晃氏（NHK広島放送局）をはじめ、多くの方が資料を提供してくださった。佐藤理恵氏には、原稿の整理を手伝っていただいた。そして何よりも、編集を担当された堀沢加奈氏なしには、この本は書けなかった。ありがとうございます。

なお、本文には、別に書いた文章、「戦争の記憶・国民の物語」（『創文』四〇八号）、および「なぜ国民が語られるのか」（『歴史学研究』二〇〇一年三月号）と重なるところがある。あわせてお断りしたい。

妻の竹中千春は、同業者として自分も締め切りに追われながら、私の書いているときは脇にまわって家庭を支えてくれた。娘の恵と泉にとって、戦争のことばかり考える父親は、異様な存在だったと思う。本書を妻と子供たちに捧げたい。

二〇〇一年一月

藤原帰一

Lee Kuan Yew, *The Singapore Story: Memoirs of Lee Kuan Yew.* Singapore: Times Edition, 1988.

Didier Maleuvre, *Museum Memories: History, Technology, Art.* Stanford: Stanford University Press, 1999.

Terry Nardin, ed., *The Ethics of War and Peace: Religious and Secular Perspectives.* Princeton: Princeton University Press, 1996.

Pierre Nora, ed., *Realms of Memory: The Construction of the French Past. I: Conflicts and Divisions* (trans. Arthur Goldhammer). New York: Columbia University Press, 1996.

Peter Novick, *The Holocaust in American Life.* Boston: Houghton Mifflin, 1999.

Colin Schindler, *Hollywood Goes to War: Films and American Society, 1939-1952.* London: Routledge & Kegan Paul, 1979

Marita Sturken, *Tangled Memories: The Vietnam War, the Aids Epidemic, and the Politics of Remembering.* Berkeley: University of California Press, 1997.

Michael Waltzer, *Just and Unjust Wars: A Moral Argument with Historical Illustrations.* New York: Basic, 1977.

Jeshajahu Weinberg and Rina Elieli, *The Holocaust Musuem in Washington.* New York: Rizzoli International Publications, 1995.

Jay Winter, *Sites of Memory, Sites of Mourning: The Great War in European Cultural History.* Cambridge: Cambridge University Press, 1995.

Jay Winter and Emmanuel Sivan, *War and Rememberance in the Twentieth Century.* Cambridge: Cambridge University Press, 1999.

Diana Wong et. al., eds. *War and Memory in Singapore.* Singapore: ISEAS, 1999.

Daqing Yang, "Review Essay: Convergence or Divergence? Recent Historical Writings on the Rape of Nanjing," *The American Historical Review,* 104-3 (June 1999).

Maj. Yap Siang Yong, Romen Bose and Angeline Pang, *Fortress Singapore: The Battlefield Guide.* Singapore: Times Books International, 1992.

Berkeley: University of California Press, 2000.

Foong Choon Hon, ed. *The Price of Peace: True Accounts of the Japanese Occupation*. Singapore: Singapore Chinese Chamber of Commerce and Industry, 1995.

Kiichi Fujiwara, "Imagining the Past, Remembering the Future," *Social Science Japan no.3* (1995).

Paul Fussell, *The Great War and Modern Memory*. Oxford and New York: Oxford University Press, 2000 (first published in 1975).

John R. Gillis, ed., *Commemorations: The Politics of National Identity*. Princeton: Princeton University Press, 1994.

Carol Gluck, "The Past in the Present," in Andrew Gordon, ed., *Postwar Japan as History*. Berkeley: University of California Press, 1993.

Daniel Jonah Goldhagen, *Hitler's Willing Executioners: Ordinary Germans and the Holocaust*. New York: Knopf, 1996.

Maurice Halbwachs, *On Collective Memory* (edited and translated by Lewis A. Coser). Chicago: The University of Chicago Press, 1992.

Laura Hein and Mark Selden, eds., *Censuring History: Citizenship and Memory in Japan, Germany, and the United States*. Amonk, N.Y.: 2000.

Ernest Hemingway, *In Our Time*. New York: Scribner, 1996 (first published in 1925).

National Heritage Board, *Annual Report*. Singapore, National Heritage Board, 1998.

Michael Hogan, ed., *Hiroshima in History and Memory*. Cambridge: Cambridge University Press, 1996.

Patrick Hutton, *History As an Art of Memory*. University of Vermont Press, 1993.

Norman Kagan, *The Cinema of Stanley Kubrick*. New York: Continuum, 1972, 1989.

Robert Philipp Kolker, *A Cinema of Loneliness*, 2nd. ed. New York and Oxford: Oxford University Press, 1988.

Primo Levi, *Survival in Auschwitz*. New York: Touchstone, 1996 (first published in Italian in 1958).

吉本隆明『「反核」異論』深夜叢書社、1982年
ヨネヤマ・リサ「記憶の弁証法——広島」『思想』866号（1986年8月）
吉田裕『天皇の軍隊と南京事件』青木書店、1986年
吉田裕『日本人の戦争観——戦後史のなかの変容』岩波書店、1995年
プリーモ・レーヴィ（竹山博英訳）『アウシュヴィッツは終わらない』朝日新聞社、1980年
Archives & Oral History Department, *The Japanese Occupation: Singapore 1942-1945*. Singapore: Singapore News & Publications, 1985.
Kai Bird and Lawrence Lifschultz, eds., *Hiroshima's Shadow*. Strong Creek, CT: The Pamphleteer's Press, 1998.
Ian Buruma, *The Missionary and Libertine: Love and War in East and West*. London: Faber and Faber, 1996.
Dominique L. Capra, *Representing the Holocaust: History, Theory, Trauma*. Ithaca: Cornell University Press, 1996.
Dominique L. Capra, *History and Memory after Auschwitz*. Ithaca: Cornell University Press, 1998.
Iris Chang, *The Rape of Nanking*. New York and London: Penguin, 1997.
Tim Cole, *Selling the Holocaust*. New York: Routledge, 2000.
Renato Constantino, ed., *Under Japanese Rule: Memories and Reflections*. Quezon City: Foundation for Nationalist Studies, n.d.
Stephen Crane, *The Red Badge of Courage*. New York: Pocket Books, 1972 (first published in 1894).
John Dos Passos, *Three Soldiers*. New York: Bantam Books, 1997 (first published in 1921).
John Dower, *Embracing Defeat: Japan in the Wake of World War II*. New York: Norton, 1999.
John Dower, *Japan in War and Peace*. London: Fontana, 1996 (first published in 1993).
Norman G. Finkelstein, *The Holocaust Industry : Reflection on the Exploitation of Jewish Suffering*. London: New York: VERSO, 2000.
Joshua A. Fogel, *The Nanjing Massacre in History and Historiography*.

高橋哲哉『記憶のエチカ』岩波書店、1995年
高橋哲哉『戦後責任論』講談社、1999年
テッサ・モーリス＝鈴木「不穏当な墓標――『悼み』の政治学と『対抗』記念碑」『別冊・世界』1998年11月
冨山一郎『戦場の記憶』日本経済評論社、1995年
夏目房之介『マンガと「戦争」』講談社、1997年
西尾幹二著・新しい歴史教科書をつくる会編『国民の歴史』扶桑社、1999年
野田正彰『戦争と罪責』岩波書店、1998年
ピエール・ノラ「記憶と歴史のはざまに」『思想』911号（2000年５月）
マーティン・ハーウィット（山岡清二監訳）『拒絶された原爆展――歴史のなかの「エノラ・ゲイ」』みすず書房、1997年
ひめゆり平和祈念資料館『ひめゆり平和祈念資料館　公式ガイドブック』沖縄県女師・一高女ひめゆり同窓会、1989年
広島市長崎市原爆災害誌編集委員会『広島・長崎の原爆災害』岩波書店、1979年
広島平和記念資料館編『ヒロシマを世界に』広島平和記念資料館、1999年
ポール・ファッセル（宮崎尊訳）『誰にも書けなかった戦争の現実』草思社、1997年
藤原帰一「戦争は終わった」『ＵＰ』第305号（1998年３月）
藤原帰一「世界戦争と世界秩序」東京大学社会科学研究所編『20世紀システム　第１巻』東京大学出版会、1998年
藤原帰一「戦争の記憶・国民の物語」『創文』第408号（1999年４月）
藤原帰一「なぜ国民が語られるのか」『歴史学研究』2001年３月号
別役実『赤い鳥の居る風景』角川文庫、1974年
マイケル・ベーレンバウム（芝健介監修、石川順子・高橋宏訳）『ホロコースト全史』創元社、1996年
本多秋五『物語戦後文学史（上中下巻）』岩波書店、1992年（初出、新潮社、1966年）
本多勝一『中国の旅』朝日新聞社、1972年
本多勝一『南京への道』朝日文庫、1989年（初出、朝日新聞社、1987年）
前田朗『戦争犯罪論』青木書店、2000年
丸山真男「憲法第九条をめぐる若干の考察」『世界』1965年6月号
水木洋子『ひめゆりの塔・おかあさん・またあう日まで』寶文館、1952年
山崎正和『歴史の真実と政治の正義』中央公論新社、2000年
油井大三郎『日米戦争観の相剋』岩波書店、1995年

参考文献

青木保『「日本文化論」の変容』中央公論社、1990年
安彦一恵ほか編『戦争責任と「われわれ」』ナカニシヤ出版、1999年
阿部安成ほか編『記憶のかたち』柏書房、1999年
荒井信一『戦争責任論』岩波書店、1995年
トム・エンゲルハート、エドワード・T・リネンソール編（島田三蔵訳）『戦争と正義――エノラ・ゲイ展論争から』朝日新聞社、1998年
イアン・ブルマ（石井信平訳）『戦争の記憶』ＴＢＳブリタニカ、1994年
池端雪浦編『日本占領下のフィリピン』岩波書店、1996年
臼井吉見監修『戦後文学論争（上下巻）』番町書房、1972年
大沼保昭『戦争責任論序説』東京大学出版会、1975年
岡真理『記憶／物語』岩波書店、2000年
Ｐ・ヴィダル＝ナケ（石田靖夫訳）『記憶の暗殺者たち』人文書院、1995年
大澤真幸『戦後の思想空間』ちくま新書、1998年
長田新編『原爆の子』岩波書店、1951年
郭宝崑（クオ・パオ・クン）（桐谷夏子監訳）『花降る日へ　郭宝崑戯曲集』れんが書房新社、2000年
加藤典洋『敗戦後論』講談社、1997年
加藤典洋『戦後的思考』講談社、1999年
加藤典洋『日本人の自画像』岩波書店、2000年
笠原十九司『アジアの中の日本軍』大月書店、1994年
川村湊ほか『戦争はどのように語られてきたか』朝日新聞社、1999年
川本三郎「戦争が終わってから――林芙美子と昭和」『大航海』2000年４月号
久野収・鶴見俊輔・藤田省三『戦後日本の思想』講談社文庫、1976年（初出、中央公論社、1958年）
古庄正・田中宏・佐藤健生ほか『日本企業の戦争犯罪』創史社、2000年
小林よしのり『新ゴーマニズム宣言SPECIAL　戦争論』幻冬舎、1998年
佐伯啓思『現代日本のイデオロギー』講談社、1998年
坂本義和「革新ナショナリズム試論――新たな国民像を求めて」『中央公論』1960年10月号
鈴木明『「南京大虐殺」のまぼろし』文藝春秋、1973年
孫歌「日中戦争――感情と記憶の構図」『世界』2000年４月号

N.D.C.311　204p　18cm
ISBN4-06-149540-2

講談社現代新書　1540

戦《せん》争《そう》を記《き》憶《おく》する　広《ひろ》島《しま》・ホロコーストと現《げん》在《ざい》

二〇〇一年二月二〇日第一刷発行　二〇二四年一一月五日第一九刷発行

著　者　藤原《ふじわら》帰一《きいち》　

発行者　篠木和久

発行所　株式会社講談社
東京都文京区音羽二丁目一二―二一　郵便番号一一二―八〇〇一

電　話　〇三―五三九五―三五二一　編集（現代新書）
〇三―五三九五―四四一五　販売
〇三―五三九五―三六一五　業務

カバー・表紙デザイン　中島英樹

印刷所　株式会社ＫＰＳプロダクツ

製本所　株式会社ＫＰＳプロダクツ

定価はカバーに表示してあります　Printed in Japan

「講談社現代新書」の刊行にあたって

教養は万人が身をもって養い創造すべきものであって、一部の専門家の占有物として、ただ一方的に人々の手もとに配布され伝達されうるものではありません。

しかし、不幸にしてわが国の現状では、教養の重要な養いとなるべき書物は、ほとんど講壇からの天下りや単なる解説に終始し、知識技術を真剣に希求する青少年・学生・一般民衆の根本的な疑問や興味は、けっして十分に答えられ、解きほぐされ、手引きされることがありません。万人の内奥から発した真正の教養への芽ばえが、こうして放置され、むなしく滅びさる運命にゆだねられているのです。

このことは、中・高校だけで教育をおわる人々の成長をはばんでいるだけでなく、大学に進んだり、インテリと目されたりする人々の精神力の健康さえもむしばみ、わが国の文化の実質をまことに脆弱なものにしています。単なる博識以上の根強い思索力・判断力、および確かな技術にささえられた教養を必要とする日本の将来にとって、これは真剣に憂慮されなければならない事態であるといわなければなりません。

わたしたちの「講談社現代新書」は、この事態の克服を意図して計画されたものです。これによってわたしたちは、講壇からの天下りでもなく、単なる解説書でもない、もっぱら万人の魂に生ずる初発的かつ根本的な問題をとらえ、掘り起こし、手引きし、しかも最新の知識への展望を万人に確立させる書物を、新しく世の中に送り出したいと念願しています。

わたしたちは、創業以来民衆を対象とする啓蒙の仕事に専心してきた講談社にとって、これこそもっともふさわしい課題であり、伝統ある出版社としての義務でもあると考えているのです。

一九六四年四月　野間省一

哲学・思想Ⅰ

世界史Ⅱ

959 東インド会社――浅田實
971 文化大革命――矢吹晋
1085 アラブとイスラエル 高橋和夫
1099 「民族」で読むアメリカ 野村達朗
1231 キング牧師とマルコムX 上坂昇
1306 モンゴル帝国の興亡〈上〉――杉山正明
1307 モンゴル帝国の興亡〈下〉――杉山正明
1366 新書アフリカ史――宮本正興 松田素二 編
1588 現代アラブの社会思想 池内恵
1746 中国の大盗賊・完全版――高島俊男
1761 中国文明の歴史――岡田英弘
1769 まんが パレスチナ問題 山井教雄
1811 歴史を学ぶということ 入江昭
1932 都市計画の世界史――日端康雄
1966 〈満洲〉の歴史――小林英夫
2018 古代中国の虚像と実像 落合淳思
2025 まんが 現代史――山井教雄
2053 〈中東〉の考え方――酒井啓子
2120 居酒屋の世界史――下田淳
2182 おどろきの中国 橋爪大三郎 大澤真幸 宮台真司
2189 世界史の中のパレスチナ問題 臼杵陽
2257 歴史家が見る現代世界 入江昭
2301 高層建築物の世界史 大澤昭彦
2331 続 まんが パレスチナ問題 山井教雄
2338 世界史を変えた薬 佐藤健太郎
2345 鄧小平――エズラ・F・ヴォーゲル 聞き手＝橋爪大三郎
2386 〈情報〉帝国の興亡――玉木俊明
2409 〈軍〉の中国史――澁谷由里
2410 入門 東南アジア近現代史 岩崎育夫
2445 珈琲の世界史――旦部幸博
2457 世界神話学入門――後藤明
2459 9・11後の現代史 酒井啓子